Dodo Kresse/Georg Feldmann

Handbuch der Gesten

Dodo Kresse • Georg Feldmann

Handbuch der Gesten

Theoretischer Teil
von Georg Feldmann

Kurzgeschichten
von Dodo Kresse

Zeichnungen
von Tonia Friedl

Deuticke

Für Walter und Christian, zwei ganz besondere Freunde

http://www.deuticke.at

Umschlaggestaltung: Robert Hollinger
Umschlagfoto: Thomas Schwentner
Lektorat: Christopher Dietz
Korrektorat: Eva Henle, books in prog•ress
Layout: Paul Lanz
Druck: Wiener Verlag, Himberg
Printed in Austria
ISBN 3-216-30488-4

Inhaltsverzeichnis

Vorwort

Gesten lassen uns einen Blick hinter die Kulissen der Gefühlswelt unseres Visavis erhaschen. Gleich, ob wir unseren Partner, einen Berufskollegen oder eine Gruppe betrachten – sobald wir die körperlichen Zeichen zu deuten wissen, verbessert sich unsere eigene Fähigkeit zu kommunizieren. Wir sind dann in der Lage, unsere Sprache sensibler auf den anderen abzustimmen. So erreichen wir leichter unser jeweiliges Ziel und vermeiden Misstöne innerhalb des Gesprächs.

Große Schauspieler sind Gestenprofis. Sie bringen mit bedeutungsvollen, zielsicher eingesetzten Gesten oft mehr zum Ausdruck, als dies viele Worte vermögen. Während langer Lehrjahre üben sie sich darin, die kleinen, scheinbar selbstverständlichen Gesten – insbesondere die Handgesten – zu beobachten und zu deuten.

Nicht jede Geste bedeutet in jeder Situation dasselbe. Ein Händedruck ist einmal Zeichen der freudigen Begrüßung, das nächste Mal Symbol für den Waffenstillstand zwischen zwei Rivalen, die einander hassen. Auch die Zielsetzungen von Gesten variieren: Sie helfen beispielsweise, dem Gegenüber ehrliche Gefühle zu zeigen, sie fungieren als Ersatzhandlung oder als simpler Hinweis auf bestimmte räumliche Gegebenheiten. Kaum einer benutzt Gesten »nach dem Lehrbuch«. Denn die Art und Weise, wie eine Geste ausgeführt wird, entsteht während des Zusammenlebens in einer relativ engen sozialen Gruppe. Darum gilt es geographische Unterschiede und individuell verschiedene Ausdrucksformen zu berücksichtigen. Wie missverständlich Gesten interpretiert werden können, veranschaulicht ein Witz aus der Zeichensprache: »Im Wilden Westen treffen einander ein Indianer und ein Cowboy mitten in der Prärie. Beide halten an. Da sie sich nicht verbal verständigen können, entsteht folgender Zeichensprach-Dialog: Indianer hebt beide Hände hoch und zeigt dann mit dem Pistolenfinger auf den Cowboy. Der Cowboy macht das Peace-Zeichen mit Mittel- und Zeigefinger. Der Indianer formt mit beiden Händen ein Dreieck. Der Cowboy schüttelt den Kopf und schlängelt mit einer Hand nach vorne. Danach gehen beide wieder auseinander. Abends erzählt der Cowboy im Saloon seinen Freunden: »Mann, ich habe einen brutalen Indianer getroffen. Ich begegne ihm und er sagt: ›Hände hoch, oder ich schieße!‹ Dann sag ich ihm: ›Hey, Friede, Mann!‹ und er antwortet: ›Mach dich vom Acker, oder willst du Ärger?‹ Dann hab ich gemeint: ›Okay, ich vertschüss' mich schon!‹ und er hat mich ziehen lassen.« Zur selben Zeit erzählt der Indianer seiner Squaw: »Frau, ich habe ein blödes Bleichgesicht getroffen. Ich frage ihn: ›Hallo, wie heißt du?‹ und er antwortet: ›Ziege‹. Dann frage ich ihn: ›Bergziege?‹, und er sagt: ›Nein, Flussziege!‹«

In Hinblick auf den praktischen Nutzen konzentriert sich dieses Buch daher auf den mitteleuropäischen Raum, mit kleinen Hinweisen auf Bedeutungen von Gesten in ferneren Ländern. Grundlegende emotionale Zustände wie freundschaftliche Verbundenheit, Aggression oder Angst lassen sich mit großer Sicherheit überall auf der Welt den jeweils gezeigten Gesten zuordnen. Ein Lächeln genauso wie die geballte Faust bedeuten auf der ganzen Welt dasselbe. Die unterschiedlichen Bedeutungen der Handgesten liegen oft in kleinen Details. Wer das beachtet und dieses Wissen in sein kommunikatives Spektrum integriert, wird nach der Lektüre dieses Buches besser als bisher die Gefühle seiner Mitmenschen deuten und verstehen können. Sie werden genau erkennen, wann Sie Ihr Gegenüber begeistern oder langweilen, wann es besser ist, die eigene Zunge zu zügeln, und wann die Chancen für Erfolg im Beruf oder für einen Flirt gut stehen.

Das vorliegende Buch soll all jenen Interessierten einen Überblick über die wichtigsten Handgesten geben, die in der Vielfalt der menschlichen Gestik mehr als bloß zufällige physische Ausdrucksformen der täglichen Kommunikation sehen. Die Handgesten bilden eine eigene Welt, deren Ausdrucksreichtum dem der gesprochenen Sprache sehr nahe kommt.

1. Kummer 2. Abwehr 3. Überraschung 4. Begeisterung

5. Widerstand 6. Kritik 7. Überredung 8. Zorn

9. Hochmut 10. Stolzer Herrschersinn 11. Bedachtsamkeit 12. Selbstbewußte Erwartung

Es war auf Grund der hohen Gestenvielfalt eine große Herausforderung, eine sinnvolle und gut nachvollziehbare Einteilung zu treffen. Letztlich erschien es am klügsten, eine Gliederung nach emotionalen Gruppen zu treffen.

Angefangen beim antiken Modell der »Vier Temperamente«, das auf Hippokrates (460–377 v. Chr.) zurückgeht, ließ man sich insbesondere von der weiterführenden Affektlehre des Aristoteles inspirieren und zog einen weiten Bogen bis zu den Theorien Sigmund Freuds. Die theoretischen Teile verstehen sich auf Grund dieser Themen- und Inhaltsfülle als Kaleidoskop von Denkanstößen.

Um Ihnen den Weg durch das Labyrinth der Bedeutungen im Handgestenreich zu erleichtern, möchten wir Ihnen ein paar Informationen zum Aufbau des Buches mitgeben: Zur Einstimmung auf die Themengruppen verfasste Georg Feldmann die theoretische Einleitung mit wichtigen Erkenntnissen auf psychologischen, philosophischen und vereinzelt auch auf soziologischen Gebieten. Sie finden in diesem Buch Gedankensplitter zu Gefühlen wie Freundschaft und Liebe, Aggression, Wut, Scham, Unsicherheit und Neugierde sowie Freude und Dankbarkeit.

Jeder dieser Emotionstheorien folgt eine von Dodo Kresse verfasste Kurzgeschichte, die Ihnen die Bedeutung einer bestimmten Geste auf unterhaltsame Weise näher bringt.

Im Anschluss an diese launigen Ausflüge finden Sie das eigentliche Kernstück des Kapitels: die Präsentation und Analyse der wichtigsten Gesten, die den beschriebenen Emotionen zugeordnet sind. Alle von Tonia Friedl gezeichneten Gesten sind in ihren Bedeutungen erfasst und dabei von kulturhistorischen und psychosoziologischen Gesichtspunkten aus betrachtet.

In den meisten Fällen erfassen Sie die Bedeutung einer Geste intuitiv, aber manchmal sind eben Hintergrundinformationen notwendig, um eine Gebärde richtig zu deuten und nicht zuletzt um Missverständnisse im Ausland zu vermeiden.

So wird jede Gestenanalyse abschließend von einem Tipp begleitet, der einen besonders wichtigen Punkt, zuweilen mit einem Augenzwinkern, herausstreicht.

Einleitung

Die Geburt der Geste

Es gibt wohl kaum ein zweites Bild, das die Kraft einer Geste besser verdeutlicht als Michelangelos »Erschaffung Adams«. Über die Hände beseelt Gott den Menschen. Die Spannung, die durch wenige Zentimeter Abstand zwischen den Fingern der beiden Figuren entsteht, ist kaum zu übertreffen: Kann der Mensch Gott erkennen und erreichen? Kann Gott die Menschen erreichen?

Gesten vermögen in berührenden Momenten mehr als Worte: Einem Spiegel gleich sind sie Ausdrucksmittel unserer Gefühle. Natürlich beachtet der Menschenkenner auch Mimik, Körperhaltung, Tonfall, die allgemeine Ausstrahlung und Physiognomie des Gegenübers und rundet damit sein Bild von einer Persönlichkeit ab.

Die Gesten der Hände sind archaische Formen der Kommunikation. Auch sie haben uns, gemeinsam mit der Sprache, zu dem gemacht, was wir heute sind: wenn auch nicht das erfolgreichste, so zumindest das intelligenteste »Tier« der Erde. Unsere Gesten geben untrüglich Aufschluss über uns, unsere Gedanken und Gefühle. Mehr als es unsere Worte vermitteln können – frei nach dem Sprichwort des Staatsmannes Talleyrand: »Das Wort ist dem Menschen gegeben, um seine Gedanken zu verbergen.« Die Geste aber, so wollen wir anschließen, vermag es, unser Innerstes nach außen zu kehren.

Leben mit »Hand und Fuß«

Um zu verstehen, wie sich die menschliche Gestik entwickelt hat, muss man geschichtlich weit zurückgehen.

Innerhalb vieler Jahrtausende, als sich der Mensch allmählich erhob und vom Vierbeiner zum Zweibeiner wurde, kam den Händen eine immer größere Bedeutung zu. Die vorderen Extremitäten dienten nicht mehr lediglich zum Laufen, sondern wurden zu einem vielseitigen Werkzeug. Für die überlebenswichtige Jagd wurden Handzeichen erfunden, die weithin sichtbar waren, um organisiert vorgehen zu können. Positionen mussten vereinbart, ein Zeichen zum Start festgelegt werden, um die Jagd ohne große Verluste zu bewältigen.

Durch den aufrechten Gang eröffnete sich eine neue Welt. Die Hände bewegten sich frei, um zu deuten, um Richtungen anzugeben oder um Gefühle auszudrücken: die Gestik war geboren. Die ersten bedeutungsvollen Handbewegungen waren der Ausgangspunkt einer verfeinerten Gestik, wie wir sie heute kennen.

Sprechen wir von Sprache

Der Begriff »Kultur« steht, etymologisch betrachtet, für das Beackern und Bebauen des Bodens; ausgehend vom Wort »agricultura« (dt.: Bodenkultur) lässt sich dies leicht nachvollziehen. Doch wir wissen, dass hinter diesem Begriff wesentlich mehr verborgen ist: Mit dem Begriff »Kultur« ist heute eher der hohe Entwicklungsstand des Intellekts oder, anders ausgedrückt, unseres Gehirns und Nervensystems angesprochen. Diese Entwicklung wäre in diesem Ausmaß nicht denkbar gewesen ohne nach und nach erweiterte Funktion der Hand und ihrer Bewegungen. Denn Hand und Geist sind miteinander verbunden und aufeinander angewiesen.

Gesten alleine aber genügten nicht. Im Zeitalter des Homo habilis und Homo ergaster wurden die Bewegungen der Hand nach und nach mit verschiedenen Urlauten kombiniert, die ein erweitertes Spektrum der Kommunikation ergaben. Durch die enorme Anstrengung während des Versuchs, eine Art des Sprechens zu erlernen, veränderte sich viel. Der Kehlkopf senkte und die Luftröhre verlängerte sich. Heute beginnt ein ähnlicher Prozess bei unseren Kindern mit etwa 18 Monaten – das Kleinkind lernt, Nuancen in der Sprache zu unterscheiden. Vor allem für die Bildung von Vokalen ist diese Umbildung im Rachenraum notwendig. Würden diese Verschiebungen nicht stattfinden, so wäre kein Kind in der Lage, richtig sprechen zu lernen.

Nachdem nun die physiologisch-artikulatorischen Voraussetzungen geschaffen waren, wurden die Laute strukturiert, systematisiert und verschiedenen Gegenständen oder Gegebenheiten zugeordnet. Das, was wir unter dem Begriff »Semantik« verstehen, ist eine der rätselhaftesten Fähigkeiten des Menschen. Die Verbindung von an sich bedeutungslosen Buchstabenreihen mit »handfesten Gegenständen« und damit verbundenen Vorstellungen gehört zu den größten kulturellen Leistungen des Menschen. Wie der Schweizer Sprachwissenschaftler Ferdinand de Saussure in seinen »Grundfragen der allgemeinen Sprachwissenschaft« überzeugend darstellte, gibt es in allen menschlichen Sprachsystemen völlig zufällige, jedoch strukturierte Lautfolgen, die auf einem sozialen Miteinander beruhen. Zwischen dem Wort und dem Inhalt besteht also nur eine willkürliche, durch Konvention gefestigte Beziehung, die nichts mit der bezeichneten Sache an sich zu tun hat. Ein Baum wird nur deswegen mit den vier Buchstaben ›B-A-U-M‹ bezeichnet, weil wir uns darauf geeinigt haben. Genau diese Willkürlichkeit führt zu zahlreichen Missverständnissen, die während des Miteinander-Redens täglich entstehen. Spätestens bei der Beschreibung von Gefühlen wird die Unzulänglichkeit der Sprache deutlich.

Handlung kommt von Hand

Hand-lung. Zuerst die Hand, dann die Tat. Zuerst nehmen, an-fassen – dann be-greifen.

Denken wir in diesem Zusammenhang an die Entwicklung des Säuglings. Nach der Geburt verfügt das Baby über ein großes Repertoire an vorerst unkoordinierten Bewegungen und reflexartigen Reaktionen. Es wird automatisch seine Hand schließen, wenn wir ihm den Finger reichen. Eine der ersten und wichtigsten Handbewegungen des Menschen hat stattgefunden: die Bildung der Faust. Hier ist die Faust allerdings sicher nicht als Geste zu verstehen, sondern als Möglichkeit, Halt und Sicherheit zu finden. Man spricht vom so genannten »Klammerreflex«.

Nachdem das kleine Geschöpf dreizehn bis fünfzehn Monate auf allen Vieren durch die Welt gekrabbelt ist, wird es unweigerlich den Versuch machen, sich aufzurichten. Genau vierzehn Entwicklungsstufen durchläuft das Kleinkind, bis es das schafft, wofür die Vorläufer des Menschen viele Generationen gebraucht haben: aufrecht zu gehen.

Grundlegende motorische Fähigkeiten, die dem Gehirn viel abverlangen, werden dabei weiter verfeinert. Insbesondere die

Koordination der Hände und Augen ist essenziell, um räumliche Distanzen ausmachen und einschätzen zu können. Sind wir erwachsen, so geschehen diese Raumabschätzungen automatisch.

Die Gestik ging mit der Entwicklung der Sprache im wahrsten Sinn des Wortes »Hand in Hand«. Gestik ist mehr als nur eine Begleiterscheinung von Worten. Das menschliche Gehirn – so eine These des amerikanischen Linguisten Noam Chomsky – ist speziell für sprachliche Systeme angelegt, aber diese Sprache funktioniert nur unzureichend ohne entsprechende körperliche Ausdrucksformen. Amerikanische Studien (Susan Coldin-Meadow, Jana Iverson) belegen, dass wir uns schwerer an Ereignisse erinnern können, wenn wir beim Erzählen die Hände ruhig halten müssen. Viele Details werden erst durch den Einsatz von Gesten ins Gedächtnis gerufen.

Es ist in diesem Zusammenhang leicht einsichtig, dass wichtige Besprechungen von den meisten Menschen lieber persönlich, von Angesicht zu Angesicht, »von Körper zu Körper« abgehalten werden. Für den Begründer der antiken Philosophie, Sokrates, stellte ausschließlich das direkte Gespräch echte Kommunikation, wirkliche Bereicherung dar.

Sprache und Gestik: reine Gefühlssache?

Gestik und Sprache sind Geschwister. Die »Schaltstellen« für die Gestik und die Sprache im menschlichen Gehirn liegen nicht zufällig dicht beieinander. Eine lang andauernde, synchron verlaufende Entwicklung der beiden Kommunikationsformen begründen diese »geistige Nähe«.

Wir können davon ausgehen, dass beinahe jede Geste vor einem bewusst oder unbewusst erlebten emotionalen Hintergrund entsteht. Es liegt auf der Hand, zu diesem Zweck die Bedeutung der Emotionen näher zu beleuchten.

Wie verzweigt das Gebiet der Gefühle ist, zeigen die Worte des Augustinus, der in seinen »Bekenntnissen« schrieb: »Welch tiefes Rätsel ist doch der Mensch. Du, Herr, hast die Haare seines Hauptes gezählt, und keines fehlt dir; doch leichter sind seine Haare zu zählen als die Regungen und Empfindungen des Herzens.«

Etwa sechs Jahrhunderte zuvor hatte Aristoteles eine Klassifikation der Emotionen geschaffen. Aristoteles gilt daher als der »erste Psychologe«. Er konnte dem »wissenschaftlichen Drang«, Gefühle zu klassifizieren, nicht widerstehen. Für Aristoteles war damals schon klar: Seele und Körper sind eng miteinander verflochten. Einerseits erkannte er, wie stark körperliche Leiden den seelischen Zustand verändern. Auf der anderen Seite sah er auch die große Macht, die Gefühle auf den Körper ausüben können. Wer kennt nicht das physisch spürbare Ziehen in der Herzgegend nach einer Trennung oder die berühmten »Schmetterlinge im Bauch« während der Verliebtheit?

Vor mehr als 2.300 Jahren dachte Aristoteles über die Dinge in ihren Erscheinungen und die Grenzen unserer sinnlichen Wahrnehmung nach. Er kam zu dem Schluss, die Welt würde sich uns immer nur so weit öffnen, wie es unsere Sinne, respektive Sinnesorgane zulassen.

Mit der Hand, meinte Aristoteles, würde der Mensch die Dinge sinnlich begreifen und so für die Seele erreichbar machen. Unter »Seele« verstand Aristoteles damals die moralischen und intellektuellen Möglichkeiten der Menschheit. Er beschrieb die Seele als »Form eines natürlichen Körpers, das, was den Körper in seinem Telos [=Ziel, Bestimmung] hält«. (aus: »De Anima«, dt.: »Über die Seele«)

Dies lässt eine interessante Frage zu. Ausgerechnet der Philosoph, den die christliche Lehre lange Zeit für sich zu vereinnahmen versuchte, assoziiert die Seele immer mit dem Vorhandensein eines Körpers. Wenn nun aber der Körper für Aristoteles als sterblich galt – wie konnte es dann eine unsterbliche Seele geben?

Aristoteles und der göttliche Mensch

»Wahrscheinlich ist, dass er Hände bekommen hat, weil er das klügste aller Wesen ist.« In den Schriften über die Stellung des Menschen in der animalischen Welt beschrieb Aristoteles unsere Spezies deswegen als Krone der Schöpfung, weil sie anstelle von Vorderbeinen Arme und Hände ihr Eigen nennt. Unter allen Lebewesen sei es nur dem Menschen bestimmt, aufrecht zu gehen – das nahm zumindest Aristoteles an. Etwas kühn schlussfolgerte er daraus, dass wir unserer Natur und unserem Wesen nach göttlich sein müssten; hingegen seien alle Wesen, die die große Last des Oberkörpers seelisch nicht so gut verkraften könnten, auf alle Zeiten dazu verurteilt, auf dem Boden auf allen Vieren herumzukriechen. Aristoteles berief sich in diesem Zusammenhang auf Anaxagoras, der den Menschen deswegen als das intelligenteste Wesen auf Erden betrachtete, weil er eben geschickte Hände habe. Aristoteles knüpfte an diesen Gedanken an und bezeichnete die Hände nicht nur als das Werkzeug aller Werkzeuge, sondern auch als »ein Werkzeug anstelle von Werkzeugen«. Damit widerlegte er offensichtlich die auch heute gängige Ansicht, der Mensch sei, genau genommen, ein physisch eher schlecht ausgestattetes Wesen: Unsere dünne Haut, wenig schützende Behaarung, verhältnismäßig kleine Zähne und schlechte Kletterwerkzeuge berechtigen tatsächlich zu dieser Annahme.

Trotzdem bestand Aristoteles darauf: Die menschliche Hand übertrifft in ihrer Multifunktionalität auf jeden Fall die meisten Kampf- und Schutzeinrichtungen, über die Tiere verfügen. Und noch etwas sprach Aristoteles explizit an: die spezielle Fähigkeit des Spreizens der Finger und des Ballens der Hand zu einer Faust.

Mit einem Griff

Das Sprichwort »Der Daumen und das große Hirn des Menschen heben uns über die Tierwelt hinaus« trägt mehr Wahrheit in sich, als es bei oberflächlicher Betrachtung den Anschein hat. Gleich ob Schlüssel-, Halte-, Klemm- oder Spitzgriff, immer ist der Daumen der entscheidende Finger, der uns die Gegenstände erst umfassen lässt. Erst durch seine Stellung gegenüber den anderen vier Fingern wird unsere Hand zur Greifhand. Allein seine große Beweglichkeit, kombiniert mit der außergewöhnlichen Praktikabilität, machen den Daumen zum »menschlichsten« Finger. Wie entscheidend dieser Finger für unser Dasein ist, lässt sich auch in Zahlen ausdrücken. So schätzen Mediziner das völlige Fehlen des Daumens als eine mindestens vierzigprozentige Einschränkung der Gesamtfunktion der Hand ein. Isaac Newton meinte gar: »Mangels anderer Beweise würde mich der Daumen vom Dasein Gottes überzeugen.«

Eine Vielzahl von Gesten sind vom Daumen abhängig. Der Daumen kann eine Richtung anzeigen, er kann eine phallische Beleidigung ausdrücken, einen Autofahrer zum Stoppen oder zeigen, dass jemand alles unter Kontrolle hat. Die berühmte Daumengeste während der römischen Gladiatorenkämpfe wurde übrigens falsch überliefert. Ursprünglich bedeutete ein nach oben gerichteter Daumen: »Tod dem Gladiator!«, hingegen verhieß der verdeckte Daumen, den mutigen Kämpfer zu schonen. Cäsars Todesurteil mit dem Daumen, der nach unten weist, ist wahrscheinlich durch schlechte Überlieferung und unzählige, oberflächlich recherchierte Hollywood-Monumentalfilme in die Geschichte eingegangen.

Im westlichen Europa gilt der nach oben gestreckte Daumen gemeinhin als positiv, der nach unten zeigende als negativ. Je weiter wir nach Süden kommen, desto missverständlicher wird diese Auffassung. In einigen Ländern bedeutet der nach oben stoßende Daumen eine grobe, sexuell anrüchige Beleidigung.

Die Starken und die Zarten

Männerhände sind durchschnittlich doppelt so stark wie Frauenhände. Für die Herstellung von Waffen und anderen Geräten war dies in früheren Zeiten enorm wichtig. Das Hämmern und Ziehen, das Tragen und Schlagen war Aufgabe des Mannes. Die zierlichere Hand der Frau war damals schon besser geeignet, um Beeren zu sammeln und auszusortieren. Komplizierte Arbeiten, wie Teppiche knüpfen, Nähen oder Weben, konnten von den Frauen, die über flexiblere Fingergelenke verfügen, besser erledigt werden. Diese Tatsache möge nicht als sexistische These missverstanden, sondern als natürliches Entwicklungsphänomen verstanden werden. Mittlerweile verschwimmen die groben Unterschiede wieder – bei Frauen beobachtet die Forschung zunehmen burschikose Handformen, und Männer mit schmalen, schlanken Händen gelten nicht mehr als »halbe Mädchen«. Auch die Gelenkigkeit der Männerhände hat enorm zugenommen, sodass komplizierte Gehirnoperationen von Männerhänden meisterhaft vollbracht werden.

Immer in Bewegung

Die wohl aktivsten Körperteile des Menschen sind seine Hände. Sogar im hohen Alter, wenn die Beinmuskeln bereits müde und die Hüftknochen brüchig zu werden beginnen, bewegen sich die Hände, als könnten sie niemals müde werden. Und wenn der Greis bloß Däumchen dreht, Stillstand ist für unsere Greifwerkzeuge ein Fremdwort. Nach Desmond Morris biegen und strecken sich die Finger im Laufe eines Lebens etwa 25 Millionen Mal, ob es sich nun um einen Bäcker oder eine Konzertpianistin handelt. Vierundfünfzig Knochen, Sehnen und Muskeln ermöglichen die komplizierten Bewegungen der beiden Hände. Die Fingerkuppen sind von einem Netz aus Hautlinien überzogen, deren Abdruck bei jedem Einzelnen einmalig ist. Nicht einmal die Fingerabdrücke von eineiigen Zwillingen sind ident. Bevor die DNA-Analyse zu noch wertvolleren Ergebnissen führte, bewies man schon vor vielen Jahrhunderten mittels Fingerabdrücken die Identität eines Menschen. Nicht nur in der Kriminalistik nutzte man dieses Phänomen. In China unterzeichneten Geschäftsleute bereits vor zweitausend Jahren mit einem Druck des Fingers ins warme Siegelwachs. Sie schufen damit eine Unterschrift, die beinahe fälschungssicher war.

Die haptischen Fähigkeiten erstaunen nicht nur das Publikum des Geigenvirtuosen. Unzählige Nervenenden liegen in jedem Quadratzentimeter der Handinnenfläche. Nur so ist es möglich, dass Blinde anhand der Brailleschrift Bücher und Zeitschriften »lesen« können wie die Sehenden. Sogar Musik kann durch diese sensible Nervenansammlung empfunden werden. Wir wissen das aus den Tagebüchern von Helen Keller, die durch eine Krankheit erblindete und obendrein taubstumm war. Durch eisernen Willen und die Empfindlichkeit ihrer Hände und Finger gelang es ihr, Bücher zu schreiben, Vorträge zu halten und Musik zu »hören«. Sie legte ihre Hände an die Membran des Radio-Lautsprechers und konnte »den Unterschied zwischen den Bläsern und dem Wirbel der Trommel, dem tiefen Klang der Cellos und dem Singen der Geigen« erkennen und genießen.

Eine interessante Fähigkeit der Hand ist in unserem modernen Leben mehr zur Plage geworden, als dass sie uns einen Nutzen bringen würde. Die Schweißdrüsen der Handinnenfläche beginnen ihre Tätigkeit nicht auf Grund steigender Temperaturen, sondern nur infolge von Stress und Aufregung. Als unsere Vorfahren noch pirschend im Lendenschurz auf die Jagd gingen, war dies praktisch, denn der Speer konnte so besser gehalten werden – aber mittlerweile wird dieses natürliche Schwitzen als äußerst unangenehm empfunden. Sogar während des Sports ist das Transpirieren der Hände lästig und mitunter, etwa beim Bergklettern, sogar gefährlich.

Die Geste als Fragment

Während des normalen Alltags ist uns gar nicht bewusst, wie ununterbrochen unsere Hände im Einsatz sind: Grüßen, Fußgänger über die Straße winken, Tränen trocknen, jemandem auf die Schulter klopfen, Briefe schreiben, Auto fahren, Telefonieren, Maschinen bedienen – all dies bedingt den Einsatz von Gesten und bringt die Zivilisation vorwärts. Der Leser mag nun einwenden, dass Auto fahren oder Telefonieren keine Gesten seien. Doch sind Gesten immer Fragmente von Tätigkeiten und Handlungen. In ihnen flackert kurz eine Aktivität auf, die wir – aus welchen Gründen auch immer – unterlassen müssen oder wollen. Sie scheinen sublime Stellvertreter befürchteter oder gewünschter Handlungen zu sein.

Ein kurzes Beispiel veranschaulicht die Geste als Fragment einer Handlung: War es vor Jahrhunderten möglicherweise kein großes Problem, bei Gefahr sofort tödliche Schläge auszuteilen, so ist die Situation heute anders. Wir holen als zivilisierte Menschen auch heute noch zum Schlag aus, stoppen diesen dann aber mitten in der Bewegung, um uns schließlich nur mehr an den Nacken zu greifen und so den Schlag zu bremsen. Beobachten Sie die Reaktion eines Geschäftspartners, während sie ihn kritisieren. Vielleicht wird er auf dem Boden aufstampfen (Sie also symbolisch treten), seine Hände fest aneinander drücken (Sie also symbolisch würgen) oder auch nur unsicher lachen (also den Mund öffnen, um Sie symbolisch zu beißen oder zu verschlingen). Gleich wie er sich verhält, für ihn bleiben diese Gesten unbewusst. Diese symbolischen Gesten sind tief in uns verankert und nur durch konsequentes Training zu unterdrücken. Gelingt uns das, so geht aber letztlich immer ein Stück unserer Spontaneität verloren – und damit auch ein Teil unserer Freiheit. Die oft steif und unnatürlich wirkenden Reden von Politikern sind ein gutes Beispiel dafür. Ohne emotionale Beteiligung, ohne spontane Gesten verlieren wir automatisch an Glaubwürdigkeit und Sympathie. Kleine Fehler und Unsicherheiten können für zusätzliche Sympathie sorgen, denn sie lassen uns menschlich erscheinen und schützen vor dem Eindruck kalter Perfektion.

Gut ist böse – böse ist gut

Die Widersprüchlichkeit unserer Emotionen lässt sich durch viele Gesten belegen. Gefühle sind immer dualistisch geprägt. Wir können lauthals lachen und trotzdem – unbewusst – die Faust ballen. Oder wir klopfen uns während des Lachens über einen Witz fest auf die Schenkel, als ob wir jemanden schlagen wollten – vielleicht den Erzähler dieses Witzes, der etwas für uns Heikles, Unangenehmes ansprach.

Große Kunstwerke der Renaissance zeigen uns, zu welch meisterhaftem Ausdruck Hände gelangen können, etwa bei der einmaligen Linienführung in Dürers Selbstporträt. Die Geschichte zeigt aber auch, was irregeführte Hände anzurichten vermögen. Dic schmerzhaften »Daumenschrauben«

auf mittelalterlichen Gemälden lassen uns alleine während des Betrachtens eine Gänsehaut bekommen.

Bleiben wir jedoch bei den zwei in uns angelegten Möglichkeiten, zwischen denen wir ununterbrochen wählen müssen: »Gut« und »Böse«. Diese beiden Anlagen existieren zwar nebeneinander in uns, werden aber oft genug nur eindimensional betrachtet. Viele Gesten, gleichgültig, ob sie nun etwas »Gutes« oder »Böses« ausdrücken, werden als nebensächliche Bewegungen wahrgenommen. Aber gerade sie bergen bei näherer Betrachtung so manche Überraschung. Das begreifen wir, wenn scheinbar selbstverständliche Gesten wie das Händeschütteln plötzlich verweigert werden. In einer Welt wie der unseren, mit ihren so stark normierten und konventionalisierten Umgangsformen, gibt es wohl kaum eine größere Beleidigung und Zurückweisung.

Das *Handbuch der Gesten* arbeitet die Bedeutung dieser grundlegenden, nur scheinbar leicht nachvollziehbaren Gesten unseres Alltages heraus, bestimmt und erläutert ihre zumeist sehr tiefen Wurzeln.

Die Geste – Ende eines Anfangs

Egal, ob wir nun positive, bestätigende oder aggressive Signale setzen wollen: Eine Geste deutet meistens nur den Beginn einer Handlung an, selten das Ende. Denken Sie an das drohende Ballen einer Faust, das kaum in einen tatsächlichen Schlag übergehen wird. Gesten wollen dem Gegenüber Grenzen setzen, Gedanken klarmachen oder Gefühle ausdrücken.

In der Kommunikation bilden Geste und Sprache zwei Seiten einer Münze: eine archaische, ursprüngliche, angesiedelt in der Gestik, und eine kontrolliertere, intellektgesteuerte in Form der Sprache. Beide Seiten wollen grundsätzlich dasselbe ausdrücken, zielen aber in verschiedene Richtungen.

Die Sprache zeigt zumeist unser bewusstes, eher angepasstes Ausdrucksverlangen, die Geste aber offenbart die andere Seite: die versteckten Gefühle. Bei der Betrachtung von Gestikulierenden verwundert es nicht weiter, wenn eine Geste, die einen bestimmten Satz begleitet, bei einem neuen Gedanken weiter ausgeführt wird, obwohl sie nicht mehr passend erscheint. So kann es beispielsweise vorkommen, dass wir unserem Gegenüber ein Friedensangebot machen, ihn besänftigen wollen, während unsere Hände noch immer in einer Abwehrstellung verharren.

Die Vieldeutigkeit und Widersprüchlichkeit zum gesprochenen Wort verlangen, die Gesten behutsam zu analysieren. Die jeweilige Situation ist ebenso zu beachten wie das Temperament und die Herkunft des Gegenübers. Standardbedeutungen gibt es nur sehr wenige. Trotzdem führen viele Indizien zu schlüssigen Analysen. Nickt unser Gegenüber öfters oder imitiert uns jemand in Gestik und Mimik, dann können wir davon ausgehen, dass dieses Gegenüber unsere Sympathie erlangen will. Eine verliebte Frau, die im Beisein ihres Partners alle paar Sekunden mit ihren Haaren spielt oder ihre Hand über den Hals gleiten lässt, mag sich nach seiner Berührung sehnen.

Zu beurteilen, ob diese Gesten nicht von guten »Schauspielern« auch ganz bewusst eingesetzt werden, um Sie zu manipulieren, liegt an Ihnen. Denn das Leben ist eine Bühne, auf der alle Darsteller ein paar mehr oder weniger gute Tricks auf Lager haben.

Das Salz des Lebens – Freundschaft, Liebe, Zuneigung

Verliebt – Flugzeuge im Bauch

Obwohl in der französischen und englischen Sprache kein Unterschied zwischen Liebe und Verliebtsein gemacht wird, existiert er unumstritten. Sich in jemanden zu verlieben, ist nicht sonderlich schwierig – es passiert einfach. Trocken gesehen handelt es sich um einen biochemischen Prozess. Bestimmte Substanzen wirbeln den Hormonhaushalt durcheinander, und mit einem Mal schlingt sich ein unsichtbares Band um die beiden Verliebten.

Wie unter einer Glasglocke empfinden sich die zwei nun, als von den Göttern auserwählte und beschenkte Wesen. Aus dem Nichts taucht die zarte Hoffnung auf, diesmal die oder den Richtigen, auf den oder die man gewartet hat, gefunden zu haben! Aus dieser Kraftquelle schöpfen die Dichter, Maler und Musiker ihre größte Inspiration. Verliebte sind verschwenderisch, sie möchten ihr Glück mit der ganzen Welt teilen. Die Hormone sorgen für eine glatte Pfirsichhaut und für strahlende Augen. Eine seltsame Art der Nervosität macht sich bemerkbar, wie Herbert Grönemeyer singt: »Ich habe Flugzeuge in meinem Bauch!« Das Hungergefühl nimmt ab, alle Energiereserven werden angezapft, um dieses seltene Abenteuer zu genießen.

Nach einer romantischen Legende waren Frau und Mann einmal ein mit Flügeln versehenes Einzelwesen. Durch eine böse Schicksalsmacht wurde dieses Wesen in zwei Hälften geteilt, und ab diesem Zeitpunkt wandelten Frau und Mann mit nur einem Flügel über die Erde. Traurig und unerfüllt gehen sie von nun an auf die Suche nach dem verlorenen Ge-

genstück. Sobald sie aber vermeinen, die verwandte Seele gefunden zu haben, verschmelzen die beiden und sind nun wieder in der Lage, ihre Flügel auszubreiten und zu fliegen. Das ist ein hübsches Märchen, und jeder, der einmal verliebt gewesen ist, kann dieses Gefühl des Fliegens nachempfinden. Doch die Zeit räumt mit Illusionen unbarmherzig auf. Wie könnte man auch jemanden wirklich kennen, der sich in der Phase der Verliebtheit von seiner Zuckerseite präsentiert?

Dieses vermeintliche Erkennen der Frau oder des Mannes fürs Leben muss zwangsläufig zu Enttäuschungen führen. Denn am Anfang war der Traum. Wünsche, Sehnsüchte und von einem selbst unbemerkt hohe Erwartungen wurden an das geliebte Wesen herangetragen. Wie kleine Kinder ihre naiven Briefchen an das Christkind schreiben, so diktiert das Gefühl der Verliebtheit eine Kette von oft unerfüllbaren und einander widersprechenden Wünschen. Keiner, der verliebt ist, würde zugeben, dass es sich vielleicht nur um ein schlichtes Begehren handelt. Der Zauber ist zu glorreich, der funkelnde Diamant am Horizont zu verlockend, um am Boden der Realität zu bleiben. Verliebtheit will stets Ewigkeit. Sie möchte ständig »auf Wolken schweben« und pocht auf ihr Recht zur Verklärung. Was aber tun, wenn die Gläser der rosaroten Brille langsam Sprünge bekommen und sich das Rosa verflüchtigt? Denn eines wohnt der Verliebtheit bereits am Anfang inne: die Vergänglichkeit.

Da stehen die beiden nun wie begossene Pudel und wissen nicht, wie ihnen geschieht. Wo haben sie ihre Liebe verloren und wann? Plötzlich werden die Fehler und Unzulänglichkeiten des anderen sichtbar, drängen sich mit unaufhaltsamer Geschwindigkeit in die Realität und stoßen wie ein Skalpell in den schillernden Luftballon der Verliebtheit. Dieser Zeitpunkt ist entscheidend für das weitere Leben der beiden. Werden sie sich mit der Wirklichkeit abfinden können, verzeihen lernen und Verständnis für den anderen zeigen? Oder werden sie sich mit Grauen abwenden und die Schuld am Bruch der Illusion dem anderen in die Schuhe schieben? Vielleicht wählen sie den Partner, der ihnen durch biochemische Geheimbotschaften ins Leben gepurzelt ist, ein zweites Mal und rücken anstelle der überhöhten Erwartung die Toleranz und das Verstehen des anderen. Dann bekommt eine andere Kraft ihre Chance: die Liebe.

Liebe – die Brücke über dem Abgrund

Mann und Frau sind einander fremd. Daran ist nicht zu rütteln, schließlich haben sie unterschiedliche emotionale und sexuelle Bedürfnisse. Sie bewerten Macht, soziales Ansehen, Kinder, Karriere und Gefühle anders. Die Erziehung, die die männliche, durchaus auch positiv besetzte Aggression noch verschärft und die Empfindlichkeit der Frau begrüßt, bringt die sowieso bereits andersartigen Wesen noch weiter auseinander. Bittet eine Frau einen Mann um Hilfe, so ist dies für den Mann eine Auszeichnung. Müsste er hingegen um Hilfe bitten, wird seinem Stolz ein böser Hieb versetzt, denn: »Ein richtiger Mann hilft sich selbst!« Diese unterschiedlichen Zugänge führen im Alltag unweigerlich zu Missverständnissen, zu Streit und Hader. Es gibt nur einen Grund, den Dialog mit dem anderen Geschlecht zu suchen: die Liebe.

»Wie in nahezu allen menschlichen Angelegenheiten ist gegenseitiges Verstehen in der Liebe das Ergebnis eines Missverständnisses«, so Baudelaire, »der unüberbrückbare Abgrund dessen, was nicht mitteilbar ist, bleibt bestehen.« Dieses »Unmitteilbare« ist die Basis unzähliger Liebesfilme, Kernstück jedes kitschigen Schlagers und das Fleisch, aus dem epochale Dichtung entsteht. Der Abgrund zwischen Mann und Frau wird nur durch eine Liebe überbrückbar, die Toleranz und das Akzeptieren einer Fehlerhaftigkeit in sich trägt. Und auch dann sollten wir nicht meinen, dass diese Brücke ewig hält. Jeden Tag müssen lose Steine wieder befestigt, die Fahrbahn muss von Verschmutzungen befreit und sorgfältig überprüft werden. Und auch dann garantiert niemand für ein Happy End – Brücken werden gebaut, Brücken stürzen ein. Dies ist der Lauf der Dinge, und es scheint, als würden sich Frauen eher damit abfinden können als Männer.

Freundschaft – eine Selbstverständlichkeit?

Wie kommt es dazu, dass wir jemanden als Freund akzeptieren, ihm alles anvertrauen und mit ihm durch dick und dünn gehen? Freundschaft ist eine von Zuneigung geprägte Beziehung, die allerdings – im Gegensatz zur erotischen Liebe – den körperlichen Bereich zu Gunsten des Intellekts ausklammert. Nichtsdestotrotz basieren Freundschaften auf vielen, recht verschiedenen Gefühlen. Diese begleiten uns bei jedem Gespräch und geben unserem Gegenüber durch Gestik, Mimik und Tonfall deutliche Botschaften.

Das Thema Freundschaft wurde mit dem Aufkommen der griechischen Jünglings- und Männerfreundschaften erstmals ausführlicher behandelt. Im alten Griechenland war es üblich, dass ein Jüngling einen Mentor von höherem Alter wählte, der all sein Wissen und seine Weisheit an ihn weitergeben sollte.

Durch diese Wahl fand eine symbolische »zweite Geburt« des Jünglings statt, der nun parallel zur körperlichen Reifung auch eine geistige Entwicklung erleben sollte. Die für heutige Maßstäbe unvorstellbare Begleiterscheinung bestand in einer sexuellen Beziehung, die üblicherweise bis zur Adoleszenz anhielt.

Aristoteles, der prominenteste Schüler Platons, widmete sich intensiv dem Thema Freundschaft und Liebe. Er beschrieb Freunde als Menschen, die Freud und Leid ehrlich miteinander teilen und auch »die gleichen Freunde und Feinde haben«. Für ihn gab es kaum etwas Wichtigeres als die Pflege von Freundschaften, und er empfahl den Gesetzgebern seiner Zeit aus diesem Grund, eher für Freundschaft als für Gerechtigkeit zu sorgen, da der Drang des Menschen nach Geselligkeit und freundschaftlichem Umgang der wichtigste Bestandteil seiner Natur sei. Bei den Untersuchungen über die Entstehungsbedingungen von Freundschaften kam allerdings auch dieser große Denker zu keinem eindeutigen Schluss: Befreundet sich nun ein »Ich« eher mit einem vom Wesen her ähnlichen »Du« oder lieber mit einem gegensätzlichen?

Bis vor einigen Jahrzehnten ging man in der Emotionsforschung davon aus, dass gleichartige Charaktere am ehesten zu einer Freundschaft gelangen können. Heute vermutet man eher, dass ähnliche soziale Verhältnisse und Umstände wie räumliche Nähe, ähnliche Interessen und gemeinsam verbrachte Freizeit Freundschaften dauerhaft bestehen lassen.

Sind Freunde auch Feinde?

Den positiven, freundschaftlichen Gefühlen ist aber stets auch ein Quäntchen Neid und Feindseligkeit beigemischt, ob uns dies nun gefällt oder nicht. Rivalität Freunden und Partnern gegenüber spielt in einer besitzorientierten Gesellschaft wohl immer eine Rolle. Recht schnell kann dann ein Freund zum »Freundchen«, zum »Freunderl« werden und uns nachhaltig enttäuschen. Manchmal sagen wir im Scherz: »Wer solche

Freunde hat, braucht keine Feinde mehr«, und wollen dabei nicht wahrhaben, dass auch wir unseren Freunden gegenüber nicht völlig frei von missgünstigen Gefühlen sind. Deswegen besitzen auch manche liebevolle Gesten unterschwellig aggressive Tendenzen. Eine Umarmung zum Beispiel will einen Menschen nahe ans Herz bringen – sie kann aber auch beengend und unangenehm wirken. Auch der sexuelle Akt ist ursprünglich von aggressiven Gesten gekennzeichnet, geht es doch dabei immer um (allerdings sublimierte) Formen des festen Greifens und Packens, des Kratzens, Saugens und Eindringens. Auch wenn dies fast immer in liebevoller Absicht geschieht – der aggressive Hintergrund der Sexualität ist nicht zu leugnen.

Für eine angenehme Freundschaft muss das Positive überwiegen, sonst funktioniert die Beziehung nicht. Vertrauen, Unterstützung und Zuwendung verweisen den Neid in die letzte Ecke. Freundschaft schenkt uns Sicherheit und sorgt für seelisches Wohlbehagen.

Freundschaft und Liebe – ein ungleiches Paar

Dort, wo körperlicher Kontakt und zärtliche Zuwendung erhofft werden, befinden wir uns nahe am oder bereits mitten im Bereich der sexuell orientierten Liebe. Nicht nur in diesem Buch wird Liebe daher als etwas zugleich Seelisches und Sexuelles definiert. Gewisse Formen der Liebe klammern das Geschlechtliche aus: etwa die Mutter-, Geschwister- oder Tierliebe. Doch wird nicht auch in diesen Fällen körperliche Zuwendung – innerhalb bestimmter, durch Konventionen festgelegter, tabuisierter Grenzen – gewünscht? Und kann denn eine Umarmung zwischen Mutter und Tochter oder das Streicheln der Wange des Bruders durch die Schwester etwas völlig Asexuelles sein?

Bei Freunden sind die Grenzen klarer: In der Freundschaft zählen »der Kopf« und die aktive Unterstützung, kaum die körperliche Zuwendung. Freundschaften weisen dennoch eine sexuelle Komponente auf, die nur unmerklich zu Tage tritt. Wie dies beispielsweise in oft überschwänglichen Küsse zwischen jungen Frauen oder in den »spaßhaften« Schlägen auf die Schulter zur Begrüßung unter Männern zu bemerken ist.

Platonische Liebe: Freundschaft ohne Sex?

Die sexuelle Liebe verlangt Lust und Hingabe. Eine echte, von absoluter Offenheit geprägte Freundschaft zwischen Sexualpartnern ist nur selten möglich. Und auch der so oft und leider meist fälschlich verwendete Begriff der »platonischen Liebe« gründet in Wahrheit auf der erotischen Begegnung. Kaum ein anderer Begriff aus der Antike wird derart missverstanden. Tatsächlich beschrieb Platon nämlich in seinem »Symposion« (dt.: Gastmahl) die vielen Freuden, Möglichkeiten und Bedeutungen des Eros. Er hinterließ damit der Nachwelt ein großartiges Beispiel der antiken Gedankenfreiheit und sexuellen Toleranz.

Die berühmte Dialogreihe endet mit einer Rede des Sokrates, in der er die Gedanken der Priesterin Diotima wiedergibt, die ihn schon in jungen Jahren über das Wesen des Eros aufklärte. Sokrates beschreibt drei Schritte – auch bekannt als »Diotimas Leiter« –, die den Suchenden zu der wahrhaftigsten, schönsten Ebene des Eros führen.

Diotimas Leiter

Als ersten Schritt sieht Diotima das Begehren des körperlich Schönen und Sinnlichen. Solange wir aber begehren, fehlt uns offenbar etwas. Daher ist der Eros immer etwas grundsätzlich Defizitäres.

Im zweiten Schritt erkennen wir nun, dass es neben der Schönheit und der mit ihr verbundenen Lust auch eine »schöne Seele«, also eine innere, geistige Qualität neben der des Körpers gibt. Wobei Diotima die körperlichen Freuden keineswegs als negativ bewertet. Im Gegenteil, diese sind immer die Voraussetzung für die wahrhaften, dahinter zu entdeckenden Qualitäten.

Im dritten Schritt erkennen wir, dass diese geistige Ebene eine ganz andere Dimension eröffnet als die sinnliche, nämlich die des »wahren Wesens der Schönheit«, die sinnlich nicht mehr fassbar ist.

Der Ausgangspunkt des Eros, des Liebesdranges, ist aber immer noch die sinnliche Erfahrung. Inzwischen ist es wissenschaftlich erwiesen, dass Hormone unsere Lust steuern. Stoffe, die beim Begehren eine große Rolle spielen, wie zum Beispiel das Dopamin oder die Endorphine, stacheln unsere Begierde vehement an. In diesem Bewusstsein ist ein kontrolliertes, vernünftiges Verhalten auf sexueller Ebene noch wünschenswerter, als es das bisher war.

Der Sexualtrieb, die laut Freud stärkste menschliche Antriebskraft, kämpft mit vielen Mitteln um sein Recht auf Befriedigung. Wenn die Zeit des Flirtens und Umwerbens gekommen ist, sollten wir die Zeichen zu deuten wissen. Kommt ein Mann beispielsweise einer Frau während des ersten Kennenlernens zu nahe, wird sie beispielsweise unbewusst die Hände verschränken. Diese Geste ist als deutliches Signal zu verstehen, dass er sich ihr zu schnell genähert hat. Lässt sie aber ihre Hände in den seinen ruhen, dann ist bereits ein wenig Vertrauen in ihrem Herzen gewachsen. Erlaubt sie, dass seine Hand zur Taille hinabgleitet, kann er es wagen, ein Stück weiter zu gehen. Wie sagte doch Oscar Wilde so trefflich: »Man muss aber wissen, wie weit man zu weit gehen darf!«

Valentinas Visionen

Es war nicht Valentinas Art, durch Schlüssellöcher zu schauen oder fremde Briefe zu öffnen. Und doch konnte sie die Augen nicht abwenden von dem Schauspiel, das sich ihr an jenem, bisher so unspektakulären Dienstagnachmittag bot.

Seine Handgelenke waren zart. Wenn ihr neuer Klavierschüler, Dr. List, in regelmäßigen Abständen eine Seite des Notenhefts umblätterte, konnte sie die Sehne, die unter der dünnen Haut an der Innenseite des Gelenks hervortrat, sich bewegen sehen. Rechts davon war die südländisch getönte Haut durch einen weißen Fleck in Form eines lang gezogenen Mandelkernes unterbrochen. Eine alte Verletzung? Resultat eines Fahrradsturzes oder eines Mopedunfalls? Die Nähe der Narbe zur Pulsader ließ Valentina kurz an einen Selbstmordversuch denken – verschmähte Liebe, eine amouröse Katastrophe?

Valentinas Blick wanderte das Gelenk hinunter zum Handrücken. Sie hatte Pigmentflecke und hervortretende Adern auf alten Händen, besonders auf denen ihrer Großmutter, immer schön gefunden, bis ihre eigenen Hände davon betroffen waren. Valentina war letzten Herbst achtundvierzig geworden und schrubbte seitdem ihre Hände jeden Morgen mit einer Zitronenhälfte, um die bräunlichen Verfärbungen im Zaum zu halten. Dr. Lists Pigmentflecken wirkten eher wie übermütig verteilte Sommersprossen, sie gemahnten nicht an sinnlos verronnene Zeit, sondern ließen Valentina an männliche Lebenserfahrung und Weltgewandtheit denken. Die bläulich schimmernden Adern zeichneten ein geheimnisvolles, sich ständig änderndes Muster auf seinen Handrücken.

Wie oft hatte Valentina schon zwei Hände über die Tasten gleiten sehen und niemals an etwas anderes gedacht als an die richtige Abfolge der Töne. Dr. List spielte eine Mendelssohn-Sonate, weder stümper- noch meisterhaft, aber durchaus gefühlvoll. Fasziniert vom Tanz der Hände, nahm sie die Melodie nur am Rande wahr, so als käme sie aus dem Nebenzimmer. Sie musste lächeln, als Dr. List bei einem schwierigen Fingerlauf stolperte und das Fußpedal wie ein trotziges Kind stärker als unbedingt notwendig durchdrückte. Freundschaftlich klopfte sie ihm kurz auf seine Tweed-Schulter und meinte: »Langsam, langsam, lassen Sie sich bloß nicht hetzen.« Im selben Augenblick erschrak sie vor dieser vertraulichen, intimen Geste – schließlich hatte sie Dr. List erst vor einer halben Stunde kennen gelernt. Aber er lachte nur und setzte sein Spiel umso schwungvoller fort.

Sie war einen Schritt zurückgetreten und verfolgte wieder die unruhige Choreografie seiner Hände. Es mag Männer geben, deren Hände schöner waren, ebenmäßiger. Aber diese waren einzigartig durch die Geschichte, die sie zu erzählen schienen. Die Fingernägel waren kurz geschnitten, aber immer noch lang genug, um auf dem glatten Elfenbein der Tasten deutlich hörbare Geräusche zu erzeugen. Winzige, helle Pünktchen auf den Nageloberflächen wiesen auf Kalziummangel hin. Was war das für eine Frau, die sich so wenig um ihren Mann kümmerte? Oder war Dr. List allein stehend, so wie sie? Valentina schüttelte den Kopf und fühlte sich wieder einmal in ihrer Ansicht bestätigt, dass Männer, im Gegensatz zu Frauen, als allein Stehende sehr schlecht zu Rande kämen. Er trug keinen Ehering, sondern einen blauen Siegelring, daneben einen einfachen Kupferring. Valentina konnte das Wappen des Siegelrings nicht genau erkennen, so wild bewegten sich Dr. Lists Finger der rechten Hand, aber sie nahm das Vorhandensein eines Wappenrings als Zeichen dafür, dass Dr. List ein traditionsbewusster Mann sei, der großen Wert auf Familie, Ehre und Anstand legte.

Das billige kupferne Ding aber rührte sie seltsam an. Der Ring war kaum geschliffen, an manchen Stellen hatte er kleine Kratzspuren an den Nebenfingern verursacht. Stand dieser Kupferring etwa in Verbindung mit dem mandelförmigen Selbstmord-Mal an seinem Gelenk? Stand er etwa in Zusammenhang mit einer überstürzten Liebesheirat auf irgendeiner wilden Insel, auf der es keine

Juweliere gab? Und war das Provisorium deshalb niemals in einen gediegenen Goldring umgetauscht worden, weil seine geliebte Gattin kurz nach der Eheschließung in seinen Armen verstorben war? Und hat er, der damals blutjunge Dr. List, nie wieder geheiratet, weil er über dieses Unglück nicht hinweggekommen ist? Eine Welle der Zuneigung stieg in Valentina auf. Dieser tapfere Mann! Wie mutig er sein Leben in die Hand nahm, obwohl das Schicksal so eine tiefe Kerbe in sein Herz geschlagen hatte. Am liebsten hätte sie ihn auf der Stelle zärtlich umarmt und schützend ihre Hand auf seinen Scheitel gelegt.

Wann hatte sie zuletzt derartige Gefühle gehabt? Vor dreißig Jahren, als sie glaubte, einen jungen Medizinstudenten zu lieben. Er hatte sie verlassen, zwei Tage vor der Hochzeit, das feine Kleid lag noch immer – sorgsam gefaltet – in einer Schachtel oben auf dem Schrank. Bereits während ihrer Studienzeit hatte sie den Alte-Jungfern-Stempel aufgedrückt bekommen und ihn seither nicht wieder verloren. Dreißig Jahre ist es her, als wären es drei Stunden, dachte Valentina bei sich. Als Dr. List sich räusperte, bemerkte sie, dass er sein Spiel bereits vor einigen Sekunden – oder waren es Minuten? – beendet hatte. Sie lobte die Wendigkeit und Flüssigkeit seines Spiels, schlug vor, er möge es nun mit einem Stück von Chopin versuchen, und deutete auf ein zweites Notenheft, das er wortlos gegen das erste austauschte und daraus gleich die erste Seite vom Blatt spielte.

Kurz streifte ihr Blick sein Profil, das ihr nun schon vertraut und liebenswürdig schien, um wieder bei den Händen zu landen. Der Kupferring ließ sie farbenprächtige Bilder assoziieren. Saftig-grüne, riesige Palmblätter sah sie im Wind wehen, sie sah Dr. List als jungen, braun gebrannten Mann Kokosnüsse aufknacken, sie sah ihn grobe Hölzer zu einem Floß zusammenzimmern, sie sah die Sonne als glühenden Feuerball über dem Meer untergehen. Das Geräusch des Metronoms verwandelte sich in das gleichmäßige Anschlagen der Bootsplanken an den Steg.

Der opulente Film riss, als Dr. List auf die Uhr blickte und entschuldigend meinte, er hätte seine Stunde gar weit überzogen. Tatsächlich, Valentina strich sich übers Haar, nestelte eine Strähne, die sich gelöst hatte, zurück in ihren straff geflochtenen Zopf und meinte zögernd, eigentlich würde er keine Klavierstunden benötigen, sondern nur ein bisschen Übung. Auf seinen Vorschlag, dass sie beide dann ja Sonaten für vier Hände spielen könnten, lächelte sie und hob zugleich abwehrend die Hand. Ihre Zeit wäre knapp bemessen, meinte sie und holte rasch seinen Mantel, aber freilich könne er gerne nächsten Dienstag wieder kommen, und dann würde man weitersehen. Dr. List erhob sich, schob den Klavierschemel sacht beiseite und schlüpfte in den Mantel. Valentina reichte ihm den Schal und roch sein Rasierwasser – frisch, ein wenig nach Moos duftend, sandte es eine allzu klare Botschaft, die sie sich dennoch nicht zu entziffern traute, an ihr Gehirn.

Dr. List nahm ihr den Schal aus der Hand und schlug ihn lässig um den Mantelkragen. Er streckte ihr die Hand entgegen, um sich zu verabschieden. Nach einem Moment des Zögerns legte sie ihre Hand in die seine und drückte sie bewusst freundschaftlich. Dr. List grinste und meinte, sie habe wundervolles Haar, warum sie es nicht offen trüge? Dabei ließ er ihre Hand nicht los. Sie spürte mit einem Mal die Kuppe seines Mittelfingers, die sich im weichen Fleisch ihrer Handinnenfläche hin und her bewegte. Erst sanft, dann stärker, bis sich sein Finger richtiggehend in ihre Hand bohrte. Sie hielt den Atem an. Hitze stieg in raschen Wellen durch ihren Körper. Sie starrte Dr. List an – er grinste und machte keine Anstalten, seine eigenartig heftige Geste abzuschwächen.

Ein leichter Schwindel erfasste Valentina, und sie griff sich mit der freien linken Hand an den Nacken. In Sekundenschnelle hatte Dr. List sie losgelassen, auf Wiedersehen gerufen und die Tür hinter sich geschlossen. Valentina setzte sich auf einen Hocker im Vorzimmer und versuchte sich zu sammeln. Sie bemühte sich, das eben Geschehene zu rekapitulieren und ins rechte Lot zu bringen, aber immer wieder stieg ein körperlicher Widerwillen, ein unerklärlicher Ekel in ihr auf. Der nächste Schüler läutete, ein sechzehnjähriger, braver Junge, den sie in der folgenden Unterrichtsstunde ungerechtfertigt streng behandelte.

Abends telefonierte sie mit ihrer Freundin Emma, die ebenfalls an der Musikhochschule unterrichtete. Auf Emmas Frage, warum sie heute so unruhig und zerstreut wirke, erzählte Valentina von Dr. Lists Besuch. So zugeknöpft sie sich allen anderen gegenüber zeigte, so offen war sie Emma gegenüber. Valentinas Erzählung zog sich in die Länge, bis sogar die sonst so geduldige Emma sie unterbrach. Was denn nun das Unerhörte sei, wollte sie wissen. Valentina schilderte die Verabschiedung des Doktors. Dieses eigenartige Hineinbohren seines Fingers in ihren Handteller. Emma gluckste und meinte: »Und – wirst du es tun?« – »Was soll ich tun?« Valentina runzelte die Stirn, und Emma polterte los: »Du wirst mir doch nicht sagen wollen, dass du nicht weißt, was diese Geste zu bedeuten hat? Lebst du auf dem Mond, meine Liebe?«

Valentina nahm Dr. List in Schutz: »Er ist ein anständiger Mensch, davon bin ich überzeugt und – sensibel, ja, da bin ich ganz sicher.« Emma meinte darauf nur: »Auch sensible Männer haben Lust, mit einer Frau zu schlafen. Und diese Geste, die du mir da eben beschrieben hast, drückt nichts anderes aus als eben diesen Wunsch. Wusstest du das wirklich nicht? Allerdings wird diese Geste eher von primitiven Machos verwendet, insbesondere wenn dies nach nur einer Stunde des Kennenlernens passiert. Und, Valentina, nur weil jemand über einen Doktortitel verfügt, was übrigens bei deinem Dr. List nicht einmal noch verifiziert ist, heißt das noch lange nicht, dass dieser Jemand auch anständig ist, nicht wahr?«

Valentina verabschiedete sich hastig, legte den Hörer auf und widmete sich der Zubereitung eines Käsebrotes. Erneut kam ihr das Bild der tanzenden Hände in den Sinn, der Kupferring aber sorgte diesmal für andere Gefühle bei ihr. Er erschien ihr auf einmal billig und grob. Sie hätte es wissen müssen, dachte sie verärgert. Wer trägt schon derartige Ringe aus ungeschliffenem Metall? Nur unzivilisierte Menschen ohne jegliche Manieren – naja, eben Grobiane ohne Sinn für zarte Zwischentöne.

Mit seiner empörenden Geste hatte Dr. List sich endgültig enttarnt. Als Valentina im Bett lag, vermeinte sie ständig den Druck der Mittelfingerkuppe des frechen Doktors im Zentrum ihres Handtellers zu verspüren. Am nächsten Morgen entdeckte sie einen roten Fleck genau an der Stelle, wo der Finger sich seine Bahn freizumachen versucht hatte. Sie schenkte dieser Hautverfärbung ivorerst keine Beachtung, als sie jedoch nach einigen Wochen noch immer nicht verschwunden war, beschloss Valentina, ab jetzt nur noch Mädchen zu unterrichten. Dr. List meldete sich nie wieder, bis auf eine Postkarte aus der Karibik. Saftig-grüne Palmblätter waren darauf zu sehen – und das Meer.

Mein Herz gehört dir

Obwohl in unserer aufgeklärten Zeit längst klar ist, dass das Herz lediglich ein Pumpmuskel ist, hat die Vorstellung, es sei der Sitz unserer Gefühle, nichts an ihrer metaphorischen Kraft verloren. Nach biblischem Denken steht das Herz für Liebe und Zuneigung. So fasst der Liebende an seine linke Brust und presst seinen Handteller leidenschaftlich dagegen, um seiner Angebeteten die Tiefe seiner Gefühle zu demonstrieren. »Jemandem sein Herz schenken« bedeutet eine tiefe, romantische Liebeserklärung. In Frankreich sagt man »donner son cœur à quelqu'un«.

Wird diese Geste in südamerikanischen Ländern noch mit großer Selbstverständlichkeit und entsprechender Ernsthaftigkeit verwendet, so wird sie in Europa als übertrieben und leicht theatralisch empfunden.

Beinahe in allen Kulturen versinnbildlicht das Herz das körperliche und auch spirituelle Zentrum. Dem Kopf wird zwar das Denken zugeschrieben, die Weisheit des Herzens steht aber weit über dem rein Rationalen. Könnte man sich einen Computer vorstellen, der Mitleid zeigt oder Güte? Wohl kaum. Am geheimnisvollen Ort des Herzens sind Nächstenliebe, Mitgefühl und Gnade angesiedelt. War das Herz bereits bei den Azteken das zentrale Lebensprinzip, so gilt es auch im christlichen Glauben und im Hinduismus beziehungsweise im Buddhismus als die wesentliche Mitte. Im Taoismus hingegen ist das Herz Herberge des Verstandes, wobei das Herz des Weisen sieben Öffnungen habe, die alle geöffnet seien.

Mit dem Sich-ans-Herz-Fassen kann auch ein Treueschwur geleistet werden. Im antiken Griechenland legten die Diener ihre rechte Hand aufs Herz, um ihre Ergebenheit gegenüber ihrem Herrn zu zeigen. Und noch heute legen amerikanische Sportler oder Politiker ihre Hand aufs Herz, wenn ihre Nationalhymne gespielt wird. Die Treue zu ihrem Land soll auf diese Weise deutlich werden. Auch Militärkappen werden in den USA bei Feierlichkeiten gerne über das Herz gehalten.

In den Bereich der Redewendung ist die Frage »Hand aufs Herz?« eingegangen, mit der man sich nochmals vergewissern will, ob der Sprechende auch tatsächlich bereit ist, seine Aussage mit einer Geste des Schwurs zu untermauern.

Tipp: *Da in allen Ländern, bei Mann und Frau, das Herz als »positives Zentrum« verstanden wird, kann es bei der angesprochenen Geste zu keinen drastischen Missverständnissen kommen.*

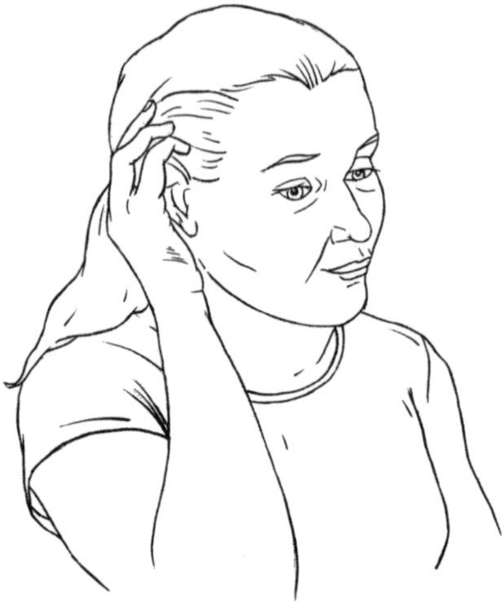

Haarscharfe Verführung

Auch wenn die Geste des Durch-die-Haare-Fahrens zumeist Frauen zugeschrieben wird, so kann man sie doch auch bei Männern beobachten. Die Haare müssen nicht unbedingt lang sein, um sie zu zwirbeln, sie um den Finger zu drehen, an ihnen zu zupfen und mit ihnen zu spielen. Aber je länger und prächtiger die Mähne ist, desto öfter werden diese Gesten gemacht.

Die Haare der Frau stehen in beinahe jeder Kultur der Erde für ihre sexuelle Verführungskraft und ihren Willen, diese auch einzusetzen. Bei den Chassidim (hebr.: »Fromme«), den orthodoxen Juden, die genau nach ihren jahrhundertealten Ritualen leben, wird diese Symbolik besonders deutlich: Fremde Männer dürfen das Haar einer verheirateten Frau nicht sehen. Sogar der Ehemann darf sich an dieser Pracht nur in der Hochzeitsnacht berauschen, denn am Morgen danach erscheint die Schwiegermutter und rasiert der Braut den Kopf. Ab diesem Zeitpunkt werden Perücken getragen. Nach jeder Periode wird die Frau neuerlich rasiert, um sie »rein« zu halten.

Wenn auch vielerorts zu lesen ist, dass das Gleiten der Hände durch die eigenen Haare eindeutig als Flirtsignal zu verstehen sei und bedeute, die Frau (oder auch der Mann) fände ihr (sein) Gegenüber äußerst anziehend, so ist hierbei doch Skepsis angebracht. Selbstverständlich kann es in dem einen oder anderen Fall so sein, aber wie erklärt man sich dann das Haarezwirbeln bei einer Person, die ganz alleine in einem Zimmer sitzt und ein Buch liest? Hände sind eben unruhige Geister, ständig spielbereit und von Neugier getrieben. Sie lieben es einfach zu berühren, zu fühlen und sich zu bewegen. Das ist eine Tatsache, die sich wohl nicht weiter erklären und begründen lässt.

Streicht sich jemand sehr kräftig durchs Haar und fährt dabei mit den Fingernägeln die Kopfhaut entlang, so geschieht dies oft aus dem unbewussten Grund, eine bessere Durchblutung des Kopfes und somit eine Leistungssteigerung des Gehirns zu erreichen.

Tipp: *Vorsicht vor falschen Schlüssen: Nicht jeder Mensch, der sich geistesabwesend durchs Haar fährt, ist flirtwillig!*

Schwebendes Küsschen

Eine zarte und liebevolle Geste ist jene, bei der die Fingerspitzen mit einem leichten Kuss versehen werden und dieser virtuelle Kuss anschließend zu jemandem hingeblasen wird. Das Küsschen, das auf diese Weise einer Person gesandt wird, muss nicht zwangsläufig ein »Ich liebe dich« bedeuten, sondern meint eher eine allgemein herzliche Zuneigung, meist beim Abschiednehmen auf eine längere Distanz, die ein Küsschen auf die Wange verunmöglicht.

Die Verbindung von Hand und Mund ist eine sehr sensible. So wie die Fingerspitzen über äußerste Empfindsamkeit verfügen, sind auch die Lippen von besonderer Feinfühligkeit. Wir können dies an dem Beispiel, dass manche Mütter ihren Kindern mit den Lippen die Temperatur messen, feststellen. Eine doppelte Empfindsamkeit ist demnach gegeben, wenn Lippen und Fingerkuppen im sanften Kuss zueinander finden.

Ist das Kusshändchen eine eher zärtlich-verspielte Geste, so bedeutet der Kuss auf die fleischige Handinnenfläche mit anschließendem Wegblasen ein Mehr an Sinnlichkeit und Innigkeit. Die Handinnenfläche mit ihren sich kreuzenden Linien zeigt das gesamte Schicksal des Menschen – Vergangenheit, Gegenwart und Zukunft. Der Kuss auf diese Stelle ist eine symbolische Umarmung des oder der anderen.

Die positiven Schwingungen, die mit dieser Geste einhergehen, finden sich auch in der Redewendung »Etwas mit Kusshand (= sehr gerne) annehmen«. Sie geht auf das alte Lehnsrecht zurück, das den Passus »mit Hand und Mund belehnen« enthielt. Auf keinen Fall darf diese Geste mit dem Handkuss verwechselt werden, der ein hierarchisches Verhältnis zwischen Küsser und Geküsstem voraussetzt und so in erster Linie Respekt ausdrücken soll (siehe »Trocken muss er sein«, Seite 244).

Tipp: *Bläst Ihnen jemand einen Fingerspitzenkuss zu, dann fangen Sie ihn symbolisch auf und führen ihn an Ihre Lippen – die einzig adäquate Geste, so Ihnen nach einer entsprechenden Antwort zu Mute ist.*

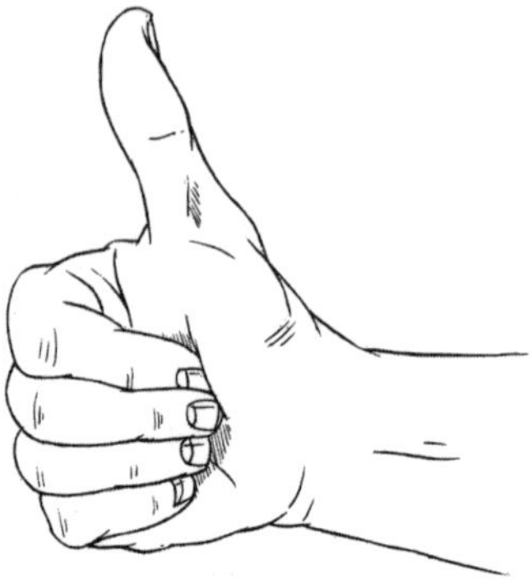

Yeah!

Bereits in dem Kinderabzählreim »Das ist der Daumen, der schüttelt die Pflaumen ...« wird die Kraft und Aktivität des Daumens deutlich. Er ist von allen Fingern der stärkste und dickste. Durch ihn wird die Hand zur Greifhand, die in der Lage ist, Werkzeuge herzustellen. So ist es nicht verwunderlich, dass der Daumen zum Zeichen von Herrschaft, Macht und Gewalt wurde. Die englische Redewendung »to be under someone's thumb« geht auf diese Symbolik zurück. Ebenso die althochdeutsche Wendung »man mot den Dumen stiv holen«, was so viel hieß wie: »Man muss mutig sein«.

Ballt heute jemand seine Faust und streckt den Daumen nach oben, so ist dies meistens eine Geste der Zustimmung. Freunde, Sportler und Politiker halten die Daumen nach oben, wenn sie ausdrücken wollen, das »alles okay« ist. Der nach oben gestreckte Daumen steht also auch für Triumph- und Siegesgefühle.

Die »Okay-Geste« basiert übrigens auf einem alten Missverständnis. Bei den Gladiatorenkämpfen im alten Rom war es

Brauch, das Publikum in den Ausgang der Spiele mit einzubeziehen. Versteckten die Zuschauer den Daumen in der Handfläche (premere pollicem), so hieß das, der Gladiator möge am Leben gelassen werden. Hielten sie hingegen den Daumen bei geballter Faust kerzengerade nach unten (convertere pollicem), so bedeutete das: »Tötet ihn!« Aus dem versteckten Daumen wurde durch eine falsche Übersetzung ein nach oben gerichteter Daumen und damit das »Okay-Zeichen«.

In einigen Ländern, etwa in Griechenland, auf Sardinien, im Libanon, in Syrien und in Saudi-Arabien, ist der nach oben gerichtete Daumen eine äußerst obszöne Geste, versinnbildlicht er dort doch den Phallus und meint so viel wie: »Setz' dich drauf!« Nicht wenige Touristen sind höchst erstaunt, wenn sie ihre gewohnte Autostopp-Geste, die dem »Okay-Daumen« gleicht, machen und von den Autofahrern zornige Blicke ernten. Besonders das beim Autostopp übliche Nach-oben-Stoßen des Daumens wird als höchst unanständig empfunden, ahmt es doch nach dem Gefühl der Einheimischen die Bewegungen des Mannes beim Geschlechtsverkehr nach.

Tipp: *Zurückhaltung ist vor allem bei Türkei-Urlauben geboten. Hier wird diese Geste unter Homosexuellen als Aufforderung zu Sex verwendet – und verstanden ...*

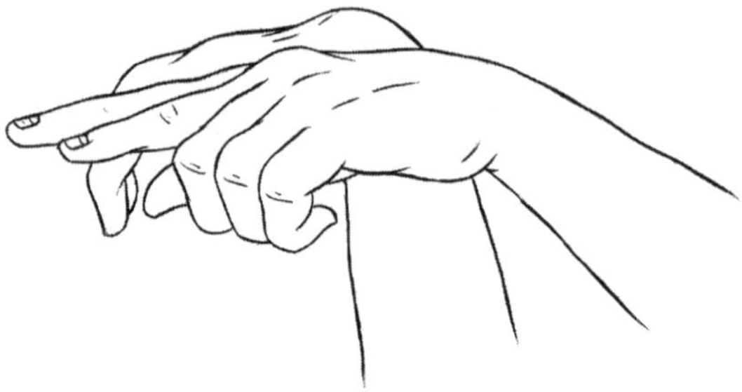

Die gehören zusammen

Auf die Frage, ob zwei Menschen zusammengehören, kann man als Antwort eine Geste erhalten, die darin besteht, dass die beiden Zeigefinger rasch parallel aneinander klopfen, während die anderen Finger zur »halben Faust« gekrümmt sind. »Die sind ein Paar«, meint diese Geste. Insbesondere im Süden Italiens und in Griechenland ist diese Geste weit verbreitet. Immer stärker hält sie aber auch bei uns Einzug.

Bei den Christen wird der Zeigefinger dem Heiligen Geist zugeordnet; vielleicht erklärt sich damit unter anderem auch, warum gerade die Zeigefinger bei der hier beschriebenen Geste die Protagonisten abgeben. Außerdem ist der Zeigefinger derjenige Finger, der den Weg weist, der Informationen gibt.

Zu Missverständnissen kann es rasch kommen, wenn man diese Geste Japanern gegenüber macht, denn in ihrer Heimat bedeutet das rasche Aneinanderklappen der Zeigefinger gerade das Gegenteil einer harmonischen Beziehung. Es weist auf Zank und Hader hin. Man gebraucht diese Geste in Japan vor allem dann, wenn eine Situation verfahren ist und jede weitere Diskussion nur noch mehr Zorn und Verwirrung stiften würde. Genaue Beobachter können aber einen Unterschied erkennen: Der streitmüde Japaner schlägt die Zeigefinger nicht in der gesamten Länge aneinander, sondern nur bis zum zweiten Fingergelenk.

Ägyptenreisende sollten wissen, dass die Geste in diesem Land eine eindeutige Aufforderung zum Geschlechtsverkehr darstellt – zwar eine zurückhaltende Art, die rhythmischen Bewegungen von Mann und Frau während des Aktes zu symbolisieren, aber dennoch bedeutungsschwanger.

Erstaunliches Detail am Rande: Der Zeigefinger ist normalerweise der drittlängste im Verhältnis zu den anderen vier Fingern, bei 45 Prozent der Frauen jedoch der zweitlängste.

Tipp: *Achten Sie darauf, in welchem Land Sie sich befinden, bevor Sie diese heikle Geste ausführen.*

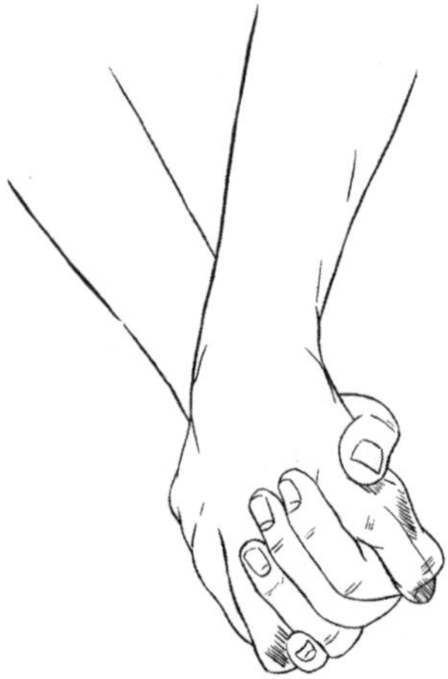

Hand in Hand

Aus der frühkindlichen Prägung – die Eltern führen ihr Kind schützend und leitend an der Hand durch die ersten Lebensjahre – entstand die Gepflogenheit, jemandem auch im Erwachsenenalter durch das Halten der Hand Angst und Sorge zu nehmen.

Finden sich zwei Hände, so beginnt ein sensibler Informationsaustausch: Die Botschaften sind so vielfältig und subtil, dass uns meist gar nicht alle bewusst werden. Wie fühlt sich die Hand des anderen an? Zart? Kräftig? Lebendig oder schlaff? Ist sie feucht oder trocken? Erwidert sie den eigenen Händedruck mit derselben Intensität? In rasender Geschwindigkeit übertragen die Nerven unterschiedlichste Botschaften ans Gehirn, wo sie verarbeitet und sogleich durch die Motorik unserer eigenen Hand beantwortet werden. Dies alles geschieht automatisch und, wie gesagt, blitzschnell.

Vertrauen ist wohl die Grundlage jeder Partnerschaft – sich in jemandes Hände begeben, voll Zuversicht oder auch mit leiser Furcht. Ob dieser Blankoscheck missbraucht wird oder nicht, wird sich immer erst in der Zukunft herausstellen. Insofern sind Liebende gezwungen, einander zu vertrauen – weil ihnen keine andere Wahl bleibt. So ist es fraglich, ob sich jemand tatsächlich »freiwillig« bindet, denn eine Bindung bedeutet stets auch eine Art Beschneidung der eigenen Freiheit.

Das unentwegte, von einigen als kindisch empfundene »Händchenhalten« der Verliebten ist ein ständiges Sich-des-anderen-Versichern, ein freudiges »Ja-Sagen« zum anderen, ein Sich-Vergewissern, dass der andere »anwesend« ist, dass warmes Blut durch seine Adern fließt.

Nicht zufällig hält der Bräutigam in spe um die Hand der Geliebten an (frz.: »demander à quelqu'un la main de sa fille«), wobei nicht nur die Hand stellvertretend für die ganze Person gemeint ist, sondern auch ein Schutzangebot gemacht wird.

In den meisten Ländern ist das Hand-in-Hand-Gehen von Mädchen durchaus üblich, man akzeptiert hier das Gefühlvolle des weiblichen Geschlechts; wenn jedoch Männer Händchen haltend spazieren gehen, so ist dies meist ein deutliches Signal für eine homoerotische Beziehung. Im Nahen Osten, einigen Mittelmeerländern und Teilen Asiens aber weist ein solches Verhalten in der Öffentlichkeit keineswegs auf Homosexualität hin, sondern deutet lediglich eine freundschaftliche, »platonische« Beziehung an.

Tipp: *Wenn Sie das Bedürfnis haben, mit Ihrer oder Ihrem Liebsten Hand in Hand durch die Stadt zu schlendern, so denken Sie nicht an Etikette, sondern genießen Sie die innige Bindung, die sich so ausdrückt.*

Teuflische Gefühle – Wut, Zorn, Aggression, Neid, Schadenfreude

Viele unterschiedliche Gefühlsarten werden in diesem Kapitel angesprochen, die man nicht vermischen darf, dennoch macht es Sinn, sie gemeinsam zu besprechen. Wir entdecken im Hintergrund eine Gemeinsamkeit den Hass, die Verneinenden und Niederträchtigkeit. Lediglich die Aggression bildet eine Ausnahme. Sie schließt evolutionsgeschichtlich bedingte Verhaltensweisen ein, die nicht negativ geprägt sein müssen.

Die anderen genannten Gefühle weisen ein negatives Muster auf, das uns immer wieder stark berührt: den Hang zu Destruktion, Neid, Eifersucht, Groll, Wut, Zorn und Schadenfreude.

Wut, Liebe und Trauer – unser emotionales Grundgerüst

Drei wichtige Affekte sind in der Psychologie bekannt: Wut, Liebe und Trauer. Aristoteles stellt zu jedem Affekt drei Fragen, die Licht ins Dunkel bringen sollen. Beim Zorn interessiert ihn erstens die grundlegende seelische Verfassung, die das Entstehen des Zorns ermöglicht, zweitens, welchen Leuten man zürnt, und drittens, über welche Anlässe oder Dinge man in Rage geraten kann. »Es sei nun also der Zorn ein mit Unlust verbundenes Streben nach sichtbarer Rache«, schreibt Aristoteles in seiner Affektlehre. Zorn richtet sich also nicht gegen allgemeine Zustände, sondern gegen einen einzelnen Menschen oder eine bestimmte Sache: Man begehrt etwas und muss akzeptieren, dass man es, vorerst zumindest, nicht bekommen kann. Ebenso erwähnt Aristoteles auch die mit dem Zorn immer einhergehenden Lustgefühle, die den Genuss einer kommenden »süßen Rache« vorwegnehmen.

Der Zorn – unsere Achillesferse?

Homer spricht in seiner »Ilias« über den Zorn und die Leidenschaften des Achilleus. Er sieht den Zorn als Gefühl, das

»viel süßer ist als hinabgleitender Honig, aber im Herzen der Männer wächst«.

Genauer als Aristoteles unterscheidet Homer zwischen Wut und Zorn. Er spricht bei Achilleus von einem großen, allerdings gutzuheißenden Zorn und stellt diesem die blinde, rasende Wut des Kämpfers Ajax entgegen. Dieser tötete im Trojanischen Krieg in blinder Wut, Achilleus hingegen sammelte seine Kraft und tötete nur, um Ungerechtigkeiten aus der Welt zu schaffen.

Wie schon in der Antike bedeuten in der modernen Psychologie Wut und Zorn nicht dasselbe. Der Wütende nimmt alles, was einen Widerstand seine Ziele bedeuten könnte, als Bedrohung und als Ärgernis wahr. Er ist in ständiger Alarmbereitschaft und verbreitet eine Atmosphäre der Feindseligkeit. So gesehen ist die Wut eher eine Grundhaltung gegenüber der Welt, der Zorn aber reagiert, wie schon Aristoteles herausfand, auf etwas Bestimmtes und begehrt gegen eine Ungerechtigkeit auf.

Da der Zornige auf Änderungen besteht, kennt er immer auch Hoffnung und Zuversicht. Seine allgemeine Wahrnehmung wird durch diese, mit dem Zorn einhergehende dynamisch-positive Einstellung nicht so beeinträchtigt wie die eines Wütenden, der wild und unüberlegt um sich schlägt.

Dies zeigen auch Körperhaltung, Mimik und Gestik der Betroffenen. Der Wütende ist meist stark verkrampft, verspannt und wirkt wie gepanzert. Psychosomatisch wirkt sich dies nicht selten in überhöhtem Blutdruck aus. Das Verhalten eines wütenden Menschen ist von Schroffheit und entsprechend rauhe Umgangsformen geprägt. Die Erregung findet kein Ventil und staut sich daher auf. Ein Wutanfall geht buchstäblich bis in die Fingerspitzen. Der gesamte Körper des Wütenden ist in Bewegung, er vibriert und könnte jede Sekunde losschlagen. Die in diesem Kapitel beschriebenen Gesten belegen diesen unangenehmen psychischen Zustand.

Anders nehmen wir den Zornigen wahr. Seine Haltung bleibt eher kontrolliert, die Reaktionen erfolgen so unauffällig, dass man sie nur mit Mühe erkennt. Häufig dominieren die Kraft und der Ausdruck der Augen. Wenn Blicke töten könnten, wären wir in der Begegnung mit einem wirklich Zornigen in arger Bedrängnis.

Letztlich ist eine klare Unterscheidung der beiden Affekte im alltäglichen Sprachgebrauch aber nicht üblich.

Gefühle regieren den Körper

Wo liegen nun die Wurzeln dieser Emotionen, die uns in kürzester Zeit derart verändern – sowohl psychisch als auch physisch?

Die moderne Psychologie geht bei ihrem Bemühen um eine Definition vom gleichen Ansatz wie Aristoteles aus. Denn wie in der Antike spricht man auch in der modernen Psychologie erst dann von einer Emotion, wenn physiologische Veränderungen nachweisbar oder zumindest zu beobachten sind. Das kann der Puls, der sich bei wütender Stimmung stark beschleunigt, oder die plötzlich steigende Körpertemperatur sein. Viele Menschen kennen den Verlust der Stimme und das Zittern der Hände und Knie während eines Wutanfalls. Diese körperlichen Reaktionen sind genetisch verankerte Muster, die man als Vorbereitung auf eine Handlung – etwa einen Schlag – sehen kann.

Das Beispiel des plötzlichen Verlustes der Stimme verrät den oft widersprüchlichen Charakter dieses Gefühls, der das Ziel der Wut – sie spontan auszuleben – sehr schnell verändert. Statt seine Wut hinauszuschreien, verstummt der Betroffene. Die Angst vor der eigenen Aggression oder auch vor der des

Gegenübers ist offensichtlich stärker. Aggressionshemmungen sind gerade in der heutigen Zeit, in der »negative« Gefühle als unzivilisiert angesehen werden, eine häufige Krankheit, die sich in unterschiedlichen Symptomen zeigt. In vielen Fällen richtet sich die Aggression statt auf die andere Person auf einen selbst und träufelt so ihr scharfes Gift in die Seele des Menschen.

In der Tiefenpsychologie wird auf die gemeinsamen Wurzeln von Wut und Zorn hingewiesen. Die Gemeinsamkeiten sind in der frühkindlichen Entwicklungsphase zu erkennen, in der sich zwangsläufig frustrierende Erfahrungen einstellen. Die Frage ist, wie der Erwachsene Zurückweisungen, Verboten und sonstigen sozialen Zwängen begegnet. Der aufsteigende Zorn, der immer dann entsteht, wenn Verzicht verlangt wird, muss vom Einzelnen gespürt und akzeptiert werden.

Man kann davon ausgehen, dass ein Mensch mit einer positiven Beziehung zu den Bezugspersonen seiner Kindheit bessere Chancen hat, mit einschränkenden Erfahrungen umzugehen. Ein gesundes Selbstwertgefühl und das »Urvertrauen« werden den heranreifenden Menschen in die Lage versetzen, sich gegen Ungerechtigkeiten zu wehren und dagegen aufzubegehren. Wie eingangs erwähnt, entspricht dies dem gesunden Verhalten des Zornigen, der etwas Bestimmtes nicht hinnehmen will, sondern beschließt, es zu ändern. Hölderlin schreibt dem Zorn daher eine reinigende Funktion und schöpferische Kraft zu: »Er tötet und verzehrt das Erstarrte, das Gesetzte, dass es lebendig werde.«

Wenn Wut zur Daseinswut wird

Dort wo die psychischen und sozialen Voraussetzungen ungünstig sind, können Probleme und Störungen entstehen, die in eine Daseinswut, als permanentes psychisches Phänomen, münden. Freud beleuchtet Wut auf unterschiedlichen Ebenen: Erstens definiert er Wut als Reaktionsmöglichkeit auf diverse Versagensängste, die unerträglich erscheinen, wenn viele, starke Wünsche nach Zuwendung und Bewunderung auftreten und nicht befriedigt werden. Dass Freud die Entwöhnung von der Mutterbrust und das Sauberwerden des Kindes als die zentralen Frustrationserlebnisse ansieht, ist weithin bekannt. Ein wenig komplizierter ist sein Ansatz, Wut als Äußerung kindlicher Partialtriebe zu definieren. Für Freud sind Partialtriebe zunächst unabhängige, sexuell bestimmte Triebe, die sich erst später vereinigen können. Diese lassen sich zumeist bestimmten erogenen Zonen zuordnen. In Hinblick auf den Zorn wird der »anal-sadistische« und »oral-sadistische« Partialtrieb angeführt.

Ersterer zeigt sich beim für Kinder oft traumatisch-unangenehmen Sauberwerden, der ersten großen »kulturellen Opferleistung«, die ein Mensch der Gesellschaft erbringen muss, zweiterer bei der Lust am Zubeißen, beispielsweise beim Saugen an der Mutterbrust. Problematisch werden diese Triebe allerdings dann, wenn man auch noch als Erwachsener starke Fixierungen auf den analen beziehungsweise oralen Bereich aufweist. Freud sieht die Wut im Erwachsenenalter als Regression, als ein Zurückfallen in infantile Muster der Bedürfnisbefriedigung.

»Sehen Sie nicht«, schrieb Freud 1918 in einem Brief an Oskar Pfitzer, »dass die Vielheit dieser Triebe auf die Vielheit der Organe zurückgeht, die alle erogen sind ... ?«

Doch wie profund und überzeugend dieses psychologische Modell auch ist, es erklärt ebenso wie andere Modelle nicht alle Ursachen der oben angesprochenen Daseinswut. Gleichgültig ob wir seelische oder soziale, individuelle oder allgemein gesellschaftliche Faktoren zu Erklärungszwecken heranziehen, können wir dieses Phänomen doch nie ganz zufriedenstellend fassen. Der Wütende glaubt, dass sich die ganze Welt gegen ihn verschworen hat, dass ihn niemand versteht. Denn er kann in seinem wütenden Zustand nicht erkennen, wie er durch seine destruktive Art Freunde und Geliebte vertreibt. So ist der Wütende ein ewig enttäuschter, den Regungen seiner Mitmenschen gegenüber blinder Mensch. Beizeiten führt dies zu psychischen Störungen wie Paranoia oder Manie.

Wut wird bestraft – Aggression belohnt?

Aggression ist nicht nur ein körperlicher Akt des Angriffs, der sich in entsprechender Wortwahl, Gestik und Mimik äußert, sondern auch Voraussetzung dafür, sich durchsetzen zu können. So gesehen hilft die Aggression, Ängste und Hemmungen zu überwinden, Sexualität zu leben und Kämpfe gegen Widerstände durchzufechten. Aggression ist einerseits erlernt, wie zahlreiche Studien belegen, andererseits auch angeboren: In jeder Familie, in jeder Organisation ist sie zu finden, und viele moderne Verhaltens- und Sexualtherapien, die glauben, das Ziel einer aggressionsfreien Gesellschaft oder Sexualität erreichen zu können, übersehen geflissentlich die Macht der Natur, die in uns waltet und sich schwer bezwingen lässt.

Aggression ist eine im Alltag notwendige Kraft. Im Geschäftsleben, bei der Durchsetzung von kreativen Projekten in der Welt der Kunst, beim Erobern eines Sexualpartners – fast immer wird sich eher der durchsetzen und gewinnen, der mit einer gesunden Portion Aggression ausgerüstet ist.

Doch soll nicht der Eindruck erweckt werden, dass Aggression etwas grundsätzlich Begrüßenswertes sei. Aggressive Impulse, denen unkontrolliert freier Lauf gelassen wird, verhindern das friedliche Zusammenleben.

Neid und Schadenfreude

Bernard de Mandeville, englischer Arzt, Schriftsteller und Philosoph, erkannte die wahren Triebkräfte unserer Kultur in den Lastern und nicht in den Tugenden der Menschen. Eigennutz, Gier, Geiz und Neid führten zu unserem heutigen Wirtschafts- und Kultursystem, nicht soziales Bemühen, Liebe und Achtung vor den Mitmenschen.

Neid zieht körperliche Begleiterscheinungen nach sich. In krassen Fällen wird jemand »blass« oder »gelb« vor Neid. Kennzeichnend für neidische Menschen ist die Eigenschaft, anderen nichts zu gönnen, den Besitz anderer zerstören zu wollen und Angst vor dem Vergleich mit den Leistungen anderer zu empfinden.

So finden wir den Neid verstärkt bei Menschen mit einer ausgeprägten Ich-Schwäche und entsprechenden Lebensängsten. Die Charakterstruktur des Neidvollen erinnert stark an die des Wütenden. Schon La Rochefoucauld hat den Neid als »Wut über den Besitz der anderen« definiert. Nietzsche sieht im Neid den krankhaften Ausdruck einer »hungernden Selbstsucht, die immer stehlen will«.

Natürlich wohnen derartige Gefühle in jedem von uns. In der richtigen Dosierung kann Neid ein gutes Antriebsmittel zu größerer Leistung sein. Der krankhaft Neidische aber ist überzeugt, der andere habe alles, er selbst aber nichts. Deswegen will er nicht nur haben, was der andere hat, sondern es am liebsten auch zerstören.

Als verwandt mit dem Neid erweist sich die Schadenfreude. Sie basiert auf aggressiven Tendenzen, allerdings erkennt man diese gut auf Grund ihrer allzu verräterischen Verkleidung. Nur vordergründig geht es um Humor, und alle, die bei hämischen Scherzen nicht mitlachen wollen, sehen sich rasch mit dem Vorwurf der Humorlosigkeit konfrontiert.

Jean-Paul Sartre sah in der Freude lediglich den Versuch, sich ein begehrtes Objekt endlich vollständig aneignen zu können. Andere meinen, Freude sei häufig mit dem Gefühl des Triumphes verbunden.

Schadenfreude geht immer auf Kosten eines anderen. Wir lachen oder schmunzeln über die Fehlerhaftigkeit unserer Mitmenschen. So verspüren wir eine kurzfristige Entspannung oder Erleichterung, basierend auf einer geglückten Triebentladung.

Wir können die Freude genießen, sie skeptisch hinterfragen oder ihr Aufkommen erst gar nicht zulassen. Vielleicht spüren wir manchmal, dass nicht jeder bereit ist, eine bestimmte Freude mit uns zu teilen. Aus Furcht vor dem Neid der anderen versperren wir uns einem möglichen Glücksempfinden.

Blutiger Irrtum

Irgendetwas lag in der Luft. Es roch förmlich nach nervösen Managern. Die zwölf wichtigsten Entscheidungsträger der beiden Firmen, die sich zur Fusion entschlossen hatten, hatten um den ovalen Besprechungstisch Platz genommen. Lisa war es gewohnt, die einzige Frau bei solchen Meetings zu sein. Der Preis für ihren Ehrgeiz und den hoch dotierten Posten war nicht niedrig gewesen – umtriebige Einsamkeit in der knapp bemessenen Freizeit. Was Lisa allerdings nicht gewohnt war und was sie nun aus dem Konzept zu bringen drohte, war die Anwesenheit ihres ehemaligen Mannes Dr. Serge Mestier. Er war stellvertretender Generaldirektor des in dieser Minute noch zur Konkurrenz zählenden Chemiekonzerns.

Sie hatten einander während ihres Studiums kennen gelernt und ihre gemeinsame Zukunft wie eine köstliche und spannende Erfrischung erwartet. Warum es ein paar Jahre nach der Trauung zum Rosenkrieg gekommen war, konnte Lisa heute nicht mehr genau eruieren. Sie war felsenfest davon überzeugt gewesen, die Schuld träfe allein Serge, der sie nicht mehr begehrte. Punktum. Aber in den Jahren des Getrenntseins fand sie auch bei sich Gründe, die zu hässlichen Auseinandersetzungen geführt hatten. Sie hatte Serges Platz von niemandem mehr einnehmen lassen, und obwohl sie wusste, dass es für eine Versöhnung und einen Neuanfang längst zu spät war, sehnte sie sich nach den ersten Jahren mit Serge. Nach den ausgelassenen Festen im Studentenheim, nach dem Einrichten der ersten Wohnung, nach den vielen gemeinsamen Abendessen, bei denen chemische Formeln den gleichen Stellenwert wie verliebte Blicke besessen hatten.

Diese Sehnsüchte begleiteten ihren Alltag so selbstverständlich wie ihre beiden Burmakatzen. Sie redete mit ihnen, als wären sie Mitbewohner mit eigenen Rechten und exzentrischen Gewohnheiten, womit sie gar nicht so falsch lag. Anfangs sprach sie lediglich mit den Katzen, aber mit der Zeit auch mit sich selbst. Es war nicht ihre Art, sich nicht unter Kontrolle zu haben, aber diese Eigenheit des lauten Denkens gestand sie sich zu, wie andere Frauen sich einen ungebremsten Shopping-Rausch pro Woche zugestehen. Selbst im Büro legte sie diesen Spleen nicht ab, und ihre Untergebenen freuten sich über den »Riss in der Perfektion« ihrer Chefin.

Serge hatte seine Exfrau vor fünfzehn Jahren zum letzten Mal gesehen. Er war verblüfft. Lisa hatte nichts von ihrer erotischen Aura verloren. So wie damals staunte er auch heute wieder über das scheinbar Unmögliche, dass ein so analytisches Hirn in einer derart animalischen Hülle stecken konnte. Ihre Art, sich zu kleiden, verstärkte ihren Sex-Appeal noch. Weiß, Beige, Schokoladebraun – nie hatte er andere Farben an ihr gesehen. Die strengen Schnitte ihrer Kleider signalisierten: »Halte Abstand«, doch ihre Haut schimmerte in verführerischer Goldbronze. Ihre Bewegungen waren dieselben wie vor fünfzehn Jahren, und auch ihre Züge hatten nichts von ihrem Geheimnis eingebüßt.

Serge wusste nicht, ob er sich über ihre heutige Contenance ärgern sollte oder nicht. Sie hatte ihm freundlich die Hand geschüttelt wie jedem anderen Besprechungsteilnehmer, ohne Zögern und ohne mit der Wimper zu zucken. Nun, sie arbeitete eben professionell, beruhigte er sich. Was hatte er erwartet, einen zärtlichen Kuss auf die Wange? Erneut spürte er eine Art Zorn in sich aufsteigen. Diese kühle Distanz, die ihre Ehe völlig zerrüttet hatte, er kannte sie gut und hatte sie hassen gelernt. Sollte sie doch einfrieren in ihrem Marmorgrab aus Zahlen, Ordnung und Gleichmaß. So sehr hatte er sich eine selbstsichere Frau gewünscht. Als dieser Wunsch in Erfüllung gegangen war, wusste er, wie schwach und hilflos sich ein Mann neben einer solchen Power-Frau fühlen konnte. Wahrscheinlich lässt sie sich einmal in der Woche einen jungen Masseur kommen, der ihr sklavenhaft ergeben ist – für die Dauer der bezahlten Stunde. Er konnte sich nicht vorstellen, dass ein anderer Mann nicht vor Lisas Kälte fliehen würde.

Die sanft gerundete Form des Tisches sollte wohl Teamgeist ausdrücken, doch die verschieden große Angespanntheit der Konferenzteilnehmer verriet die tatsächlichen Machtverhältnisse. Sie alle wussten, die Fusion stand quasi vor der Tür, um den beiden Firmen zu größeren Marktsegmenten und Synergien zu verhelfen. Sie bedeutete aber auch eventuellen persönlichen Machtverlust; eine Rationalisierungswelle würde das gesamte höhere Management erschüttern. Serge war klar, dass es keinen anderen Ausweg gab, als das Risiko einer Fusion auf sich zu nehmen. Die Marktanteile seiner Firma schrumpften von Jahr zu Jahr, der Markt expandierte in einem Höllentempo, und ohne starken Partner würden sie zerrieben werden wie Kieselsteine im Betonmischer.

Serge hatte sich während der vergangenen Monate mit seinem Consulting-Spezialisten Neunteufel eingehend beraten, und er war froh, dass Neunteufel ihm bei dieser Sitzung zur Seite stehen würde. Neunteufel war der einzige, dessen Gesicht entspannt und offen wirkte; er hatte von allen mit Sicherheit am wenigsten zu verlieren. »Zwei Drittel aller Fusionen, Dr. Mestier«, hatte Neunteufel warnend gemeint, »erreichen ihre Ziele nicht.« Mit einem jovialen Schulterklopfen hatte er noch nachgesetzt: »Aber wir werden das Kind schon schaukeln – die Hierarchien müssen klar sein, das ist vorerst das Wichtigste. Und keiner darf sich bei diesem Deal als Loser fühlen. Wir müssen allen das Gefühl geben, die Gewinner zu sein.«

Neunteufel war die Ruhe selbst, während Lisas Boss, der Direktor von Shin-Chemie, die Eröffnungsrede hielt, und unterstützte Serge durch aufmunterndes Nicken. »Wir alle«, dröhnte die Stimme durch den Raum, »sehen der Zukunft mit Freude entgegen. Nachdem Dr. Braun Ihnen die Hard Facts unterbreitet hat, wollen wir insbesondere das Humankapital genauer unter die Lupe nehmen.«

Serge dachte an die Rationalisierungen, an die vielen unter seinen Mitarbeitern, die um ihren Job bangten. Und er wusste, seine

Position war denkbar schwach, um all seine Vorstellungen durchzusetzen. Es konnte sogar sein, dass sein eigener Sessel bereits am Wackeln war. Wer konnte das wissen, in diesen verrückten Merger-Zeiten? Er blickte zu Lisa – sie schien, wie konnte es anders sein, von unerschütterlicher Ruhe.

Die Phase, in der Dr. Braun die Vertragsdetails erläuterte und bei einigen Punkten hin- und hergerechnet wurde, verbrachte Serge damit, lautlos mit zwei Fingern auf den grünen Filz des Konzerntisches zu klopfen. Lisa lächelte, sie erinnerte sich an die Studenten-Band, in der Serge den Drummer abgegeben hatte. Serge nahm ihr Lächeln als überlegenes Feixen. Sie lächelt, dachte er, weil sie sich der Macht der Shin-Chemie im Klaren ist, sie hat Macht immer genossen. Wie hatte er es nur so lange ausgehalten mit dieser Unfrau?

Neunteufel bedeutete ihm mit einem Augenzwinkern, dass nun er an der Reihe sei. Er nahm einen Schluck Evian. »Meine Damen und Herren«, begann er behutsam, »selbstverständlich befürworte ich diese Fusion. Jedoch möchte ich zu bedenken geben, dass wir es hier nicht nur mit Zahlen und Fakten zu tun haben, sondern auch mit Menschen. Ich erbitte mir vom Vorstand der Shin-Chemie höchstmögliche Sensibilität, insbesondere im ersten Jahr nach der Fusion, das, wie internationale Studien belegen, das gefährlichste in so einem Fall darstellt.

Klarerweise müssen Manager ein dickes Fell haben, aber denken wir auch an all die Mitarbeiter der beiden Firmen. Allzu hart abgewickelte Fusionen können die informelle Struktur, die netzwerkartigen Beziehungen innerhalb eines Unternehmens komplett zerstören. Ohne diese Organisationsstrukturen verlieren die Mitarbeiter den ›Plan‹ für firmeninterne Abläufe. Wir wollen nicht vergessen, dass Informationen Macht bedeuten. Wie, wie schnell und mit welchen Zusatzbemerkungen Informationen weitergegeben werden, kann ordentlich Sand ins Getriebe eines Unternehmens streuen. Die unterschiedlichen Firmenkulturen, die hier aufeinander treffen werden, müssen unbedingt beachtet – und respektiert – werden.«

»Dr. Mestier«, Lisas erotischer Alt weckte sogar Dr. Braun aus seinem Schlummer mit offenen Augen, »wir verstehen Ihre Sorge um Ihre Mitarbeiter. Wir sind keineswegs daran interessiert, Zukunftsängste bei Ihnen und Ihren Kollegen auszulösen. Jedoch muss Ihnen klar sein, dass gewisse Rationalisierungsmaßnahmen nicht zu umgehen sein werden.« Lisa positionierte ihre Füllfeder parallel zur Kante ihres Notebooks und sah Serge offen an.

»Die Motivation unserer Mitarbeiter wird schwer zu halten sein, wenn ich ihnen nicht offen und ehrlich versprechen kann, dass es zu keinen Kündigungen kommen wird. Die ich im Übrigen mit allen Mitteln zu verhindern wissen werde.« Serge war in Rage geraten, sehr zur Verwunderung von Neunteufel, der missbilligend die Brauen hob. Was sollte dieses »Mel-Gibson-rettet-die-Welt«-Gehabe?

Lisa ordnete ihre Papiere und wollte gerade zu einer beschwichtigenden, diplomatischen Wendung ansetzen, als sie einen stechenden Schmerz am Mittelfinger verspürte. Sie hielt ihre Hand in Augenhöhe und betrachtete die Kuppe ihres Mittelfingers. Das Manuskript-Blatt hatte einen tiefen Schnitt hinterlassen. »Gewaltig geschnitten«, sinnierte sie laut vor sich hin und beobachtete den Blutstropfen, der an der Innenseite des Fingers seine rote Bahn zog. Zeige-, Ring- und kleiner Finger wurden vom Daumen an den Handballen gepresst. Sie behielt ihre ungewöhnliche Handhaltung bei und sah Serge erwartungsvoll in die Augen. Was hatte sein empörter Blick zu bedeuten? Lisa sah in die Runde – es war still, sehr still. Die Herren nestelten an ihren Krawatten, lockerten die Hemdkrägen und fühlten sich sichtlich unwohl.

»Unter diesen Umständen«, meldete sich Neunteufel zu Wort, »wollen wir nicht eine kleine Pause einlegen, um die Gemüter abzukühlen? Im Nebenzimmer wartet ein kleines Buffet auf Sie.«

Serges Faust landete mit einen lauten Knall auf dem Tisch. »Wenn bereits im Vorfeld der Fusion derart feindselige und, ich muss deutlich sagen, unpassend vulgäre Gesten verwendet werden, sehe ich das gesamte Unterfangen als gefährdet an. Ich bitte darum, meine Distanzierung zu diesem Projekt im Protokoll festzuhalten.«

Der Direktor der angegriffenen Shin-Chemie warf Lisa einen vernichtenden Blick zu und befürwortete Neunteufels Vorschlag einer Pause. War der Wahnsinn in diese Frau – seine bislang beste Mitarbeiterin – gefahren? Lisa hatte sich aufgerichtet, den Mittelfinger noch immer in die Höhe haltend, und verstand die Aufregung nicht. Die Herren verließen unter leisem Gemurmel den Konferenzraum, Serge blieb.

»Lisa, musst du unsere privaten Differenzen ins Geschäftsleben hineinziehen?« Serge tat einen Schritt auf sie zu. »Obwohl ich mich einer gewissen Freude, dass du anscheinend doch noch einen Funken Leidenschaft in dir trägst, nicht erwehren kann, halte ich derartige Beschimpfungen für unangebracht. Hast du neuerdings eine Vorliebe für den Stil von Wirtshausdebatten entwickelt, oder ist das eine neue Art des Emanzentums? Ich bitte dich inständig, wenigstens jetzt deine vollkommen unangebrachte Gestik wieder unter Kontrolle zu bringen.«

Lisa runzelte die Stirn, sah rätselnd auf ihre Hand und bat um ein Taschentuch. Mit einem Mal wurde sie sich des ganzen Dilemmas bewusst. Sie hatte ihrem Ex-Mann und damit der gesamten Firma, wie man sagt, »den Finger gezeigt«. »Meine Güte«, flüsterte sie. Serge war ihrem Blick gefolgt und bemerkte den dunkelroten Fleck, der die Manschette ihre Seidenbluse verunstaltete. Blut tropfte auf den Teppichboden. Er band das Taschentuch um die kleine Wunde und verstand. »Dieses Missverständnis auszubügeln wird einiges an Eloquenz verlangen, Lisa, meinst du nicht?« Seine Stimme war sanft geworden. »Da haben wir uns wohl beide gewaltig geschnitten, nicht wahr?« Er lachte und beruhigte sie in ihrer Besorgnis, die weiteren Fusionsgespräche betreffend. Sie schien ihm plötzlich zerbrechlich und beschützenswert. »Wenn du die Fusion nicht willst, dann sag es mir einfach«, versuchte Lisa nun ihn zu beruhigen, »wir werden einen Weg finden. Es gibt immer eine Lösung.«

»Lisa«, Serge stupste sie aufmunternd gegen das Kinn, »ich will die Fusion, aber nicht unter allen Umständen. Ich möchte keine Kündigungswelle, das ist alles.«

»Es wird keine geben, Serge. Ich stehe dir mit meinem Wort dafür gerade.« Wie sie so vor ihm stand mit dem kindlichen Verband um den Mittelfinger und der fleckigen Bluse, wich Serges Zorn und machte einem Gefühl Platz, das er allzu lange unter Tabellen, Statistiken und Firmenplanungen vergraben hatte. Es waren nur wenige Sekunden, in denen beide begriffen, dass auf die Firmenfusion aller Wahrscheinlichkeit nach bald eine weitere Fusion folgen würde.

»Versprich mir nur eines, Lisa«, Serge strich schmunzelnd über ihren Finger, »halte in Zukunft deinen Mittelfinger im Zaum.«

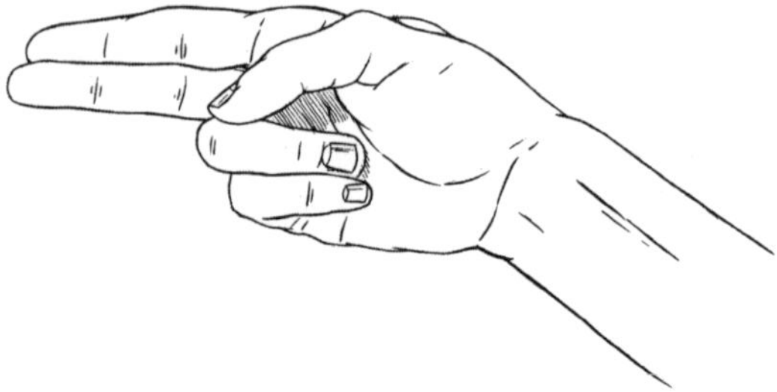

Peng, du bist tot!

Der Titel sagt schon alles: Wir zielen mit einem oder zwei gestreckten Fingern auf ein Gegenüber, wollen es festnageln oder wollen symbolisch gleich losschießen. Egal ob nun ein oder zwei Finger jemandem entgegengestreckt werden, die Symbolik ist stets dieselbe: Wir bannen den anderen, wir wollen Dinge klarstellen und dulden keinen Widerspruch. Durch die ausgestreckte Hand wird dies unterstützt. Hier setzt man offensichtlich voll auf Angriff und sucht nicht einmal ansatzweise eine offene Diskussion. Deswegen sieht man diese Geste auch häufig bei Politikern, bei Eltern und bei Vorgesetzten, die alle die Möglichkeit haben, Dinge durchzusetzen, ohne auf andere besonders eingehen zu müssen. Nicht zuletzt deshalb ist es eine Unhöflichkeit, mit den Fingern auf andere zu deuten. Diese Geste kommt einem Anvisieren und symbolischen Schießen nahe; dabei fühlt sich das jeweilige »menschliche Ziel« automatisch unwohl und unter Druck gesetzt.

Natürlich muss nicht unbedingt ein Mensch Ziel des gestreckten »Pistolenfingers« sein; genauso gut kann es passieren, dass ein Vortragender bestimmte, für ihn wichtige Aussagen hervorheben will, die er mit den ausgestreckten Fingern buchstäblich an die Wand nagelt. Die Finger übernehmen dann die Funktion von Pfeilen, die nach und nach in den Raum geschossen werden, um beim Empfänger nachhaltig für Wirkung zu sorgen.

Die durch die Hand symbolisierte Pistole kann aber auch an die eigene Stirn gelegt werden. Hierbei soll meist scherzhaft ausgedrückt werden, dass man eben einen dummen Fehler begangen hat, der einen »den Kopf kosten kann«. Diese Interpretation gilt auch dann, wenn wir Freunde, die mit uns boshafte Späße treiben, mit dieser Geste bedenken. Wir sollten aber berücksichtigen, dass nicht alle Menschen darüber lachen können, da diese Geste doch recht brutal ist und so immer einen unangenehmen Beigeschmack hat.

Tipp: *Setzen Sie diese Geste nur dann ein, wenn Sie sich unbedingt Gehör verschaffen wollen; denn Ihr Gegenüber wird – so weit es seine Position zulässt – immer mit Aggression antworten, da auf ein Ziel gerichtete Finger einem Angriff gleichkommen.*

Na warte!

Diese Geste sagt dem Betroffenen vor allem eines: »Na warte, jetzt kannst Du was erleben!« Die Drohung ist unverkennbar, denn das Ballen der Faust symbolisiert das Ergreifen einer Waffe, mit der man jeden Moment zuschlagen könnte. Der imaginäre Knüppel, der da geschwungen wird, erinnert eindeutig an einen erigierten Penis, und das nicht von ungefähr.

Gorillamännchen beispielsweise drohen ihren Feinden, indem sie durch heftiges Hämmern der Fäuste gegen die eigene Brust ihre Stärke signalisieren. Gleichzeitig haben sie eine heftige Erektion. Überhaupt werden im Tierreich häufig Geschlechtsorgane präsentiert, um andere einzuschüchtern. Dies sollte nicht verwundern: Sexualität ist auch beim Menschen mit Aggression verbunden, umgekehrt hat Aggression auch mit Sexualität zu tun. Deswegen richten vor allem Männer bei einem heftigen Konflikt die Fäuste – gleich dem erigierten Penis – gegen den Himmel, um dem Gegner die eigene Potenz und Kampfstärke nachhaltig klar zu machen. Gleichzeitig wird damit aber auch die Schwäche und Impotenz des Gegners demonstriert – und verspottet.

Während nun die Faust geballt wird, spannt sich zusätzlich die gesamte Muskulatur an, um jederzeit zu einem eventuellen Angriff übergehen zu können. Nur sehr gut konditionierte Kampfsportler haben sich derart im Griff, dass sie relativ leidenschaftslos und überlegt zum Kampf schreiten können. Der durch große Wut Erregte agiert dagegen eher unüberlegt, der gesamte Kreislauf wird dabei stark belastet: Der Blutdruck steigt, der Puls beginnt zu rasen, und ein heftiger Adrenalinausstoß erfolgt. Dann wird im schlimmsten Fall wie besinnungslos aufeinander eingeschlagen. Man sollte sich daher den Einsatz dieser Drohgebärde gut überlegen: Vor allem in südlicheren Regionen werden Gesten bekanntlich sehr vehement und emotional aufgenommen. Entsprechende Reaktionen lassen dann nicht lange auf sich warten ...

Tipp: *Sollte Ihnen jemand mit geballten Fäusten näher kommen, halten Sie unbedingt mindestens eine Armlänge Abstand ein. Falls der andere tatsächlich losschlägt, haben Sie die Möglichkeit, noch auszuweichen bwz. beschwichtigend zu reagieren.*

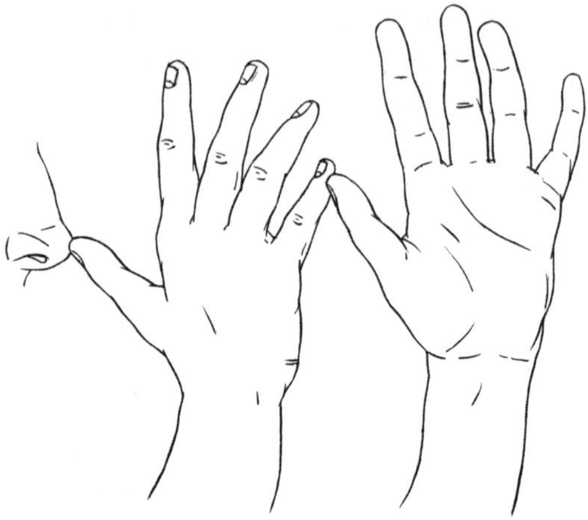

Ätsch!

Diese Geste drückt Schadenfreude, Spott und Hohn aus; ihr Ursprung ist nicht mehr exakt nachzuvollziehen. Die Beschreibung ist einfach: Der Daumen wird an die Nase geführt, und der Rest der Hand wird dabei hin- und herbewegt. Die Hand symbolisiert auf diese Weise wahrscheinlich einen für den Kampf geschwollenen Hahnenkamm. Dieser steht eindeutig für männliche Kraft und Potenz. Der Ausführende will dem mit der Geste Bedachten mitteilen: »Ich bin der Mächtige – und du bist kastriert.« Es geht also darum zu zeigen, dass jemandem etwas Wertvolles weggenommen wurde.

Die Bedeutung der Nase zeigt sich auch im Umgang mit Kindern: Eltern nehmen beispielsweise oft scherzhaft den Kindern »die Nase weg« und geben sie dann »nicht wieder her«. Offenbar ist das Wegnehmen von etwas gut Sichtbarem auch hier besonders wichtig. Und welcher Teil des Körpers liegt da näher als die exponierte Nase? Und was liegt wiederum näher, als die Nase als Platzhalter für das männliche Glied zu werten? Sie kennen vielleicht den in Österreich und Deutschland gängigen Spruch: »Wie die Nase eines Mannes – so sein Johannes (umgangssprachlich für »Penis«, Anm. der Verf.)«. Der Bezug zum Phallus wird sprachlich hergestellt – die boshaft angedeutete Kastration daher ausgerechnet mit der Geste der verlängerten Nase darzustellen, liegt nahe.

Möglicherweise soll durch die Fächerbewegung der Hand zusätzlich gezeigt werden, dass der Geschmähte sein Gesicht verdecken sollte und sich vor der Öffentlichkeit zu verstecken habe. Auch das Naserümpfen wird manchmal in diese Geste integriert, um das Missfallen und den Hohn zu unterstreichen: Mit dem Daumen wird dabei die Nase in die Höhe gehoben und das Rümpfen stark übertrieben dargestellt.

Eine weitere Auslegung sieht in dieser Geste ein ins Groteske verkehrtes Salutieren. Der militärische Gruß wird zum Zweck der Verhöhnung zur Nase verlegt, um eine Missbilligung des Befehlshabers auszudrücken. Für diese These spricht eine englische Bezeichnung der Geste – »the five finger-salute«. Aber auch in diesem Fall träfe die oben vorgestellte Interpretation zu.

Tipp: *Hier soll ein Sprichwort des bekannten Aphoristikers Georg Christoph Lichtenberg genügen: »Viele Spötter meinen reich an Geist zu sein und sind nur arm an Takt.«*

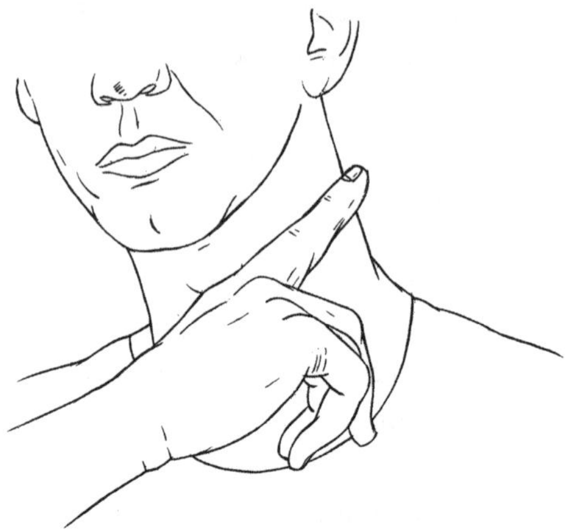

Kopf ab!

Diese Geste bedeutet ganz klar Gefahr für den Betrachter. Der Ausführende führt den Finger wie bei einem Messerschnitt von einer Seite der Kehle zur anderen. Die Drohung ist eine massive, wenn sie wirklich ernst gemeint ist; man sollte sich genau vergegenwärtigen, aus welchem Grund sie jemand anwendet.

Mit der oben gezeigten Bewegung der Handkante wird aber nicht allein ein Durchschneiden der Kehle angedeutet, sondern gleichzeitig auch der Wunsch ausgedrückt, den Bedrohten endgültig zum Schweigen zu bringen. Der Bedroher fühlt sich daher meist selber bedroht, und es ist in diesem Zusammenhang verräterisch, dass diese Geste am eigenen Körper und nicht in Richtung des Gegners gemacht wird. Auf Grund dieses Indizes ist zu vermuten, dass die Geste des Kehle-Durchschneidens nur sehr selten wirklich ernst zu nehmen ist. Eher ist es wohl so, dass der Gestikulierende die rasche und erkennbare Unterwerfung seines Widersachers erreichen will.

Im Tierreich finden wir interessante Parallelen: Insbesondere bei Hunden ist bei Kämpfen und Raufereien zu beobachten, dass es klare Zeichen der Unterwerfung gibt, die meist ein sofortiges Ende des Kampfes zur Folge haben. Dieses Zeichen gibt der Verlierer, indem er dem überlegenen Hund seine Kehle präsentiert – den Ort, an dem sich die lebenswichtige Halsschlagader befindet. Der siegreiche Hund akzeptiert diese Geste, außer er ist sehr bissig, und wendet sich normalerweise sofort ab.

Da bei Menschen in vielen Gebieten der Erde aber manchmal andere Konventionen gelten, sollten Sie in fremden Städten auf der Hut sein, wenn diese Geste gezeigt wird.

Viele wenden diese Geste allerdings eher ironisch an, um eine mehr oder weniger ausweglose Situation zu illustrieren, der man sich am besten durch einen so angedeuteten Selbstmord entziehe. Oder die Haltung der flachen Hand drückt aus, dass einem »das Wasser bis zum Hals steht« und man etwas Unangenehmes einfach herauslassen möchte (siehe auch »Mir reicht es«, Seite 128).

Tipp: *Seien Sie gewarnt. In manchen, zum Beispiel südafrikanischen Städten bzw. Stadtteilen sind viele Menschen bewaffnet. Dort sollten Sie die aggressive, drohende Bedeutung dieser Geste durchaus ernst nehmen.*

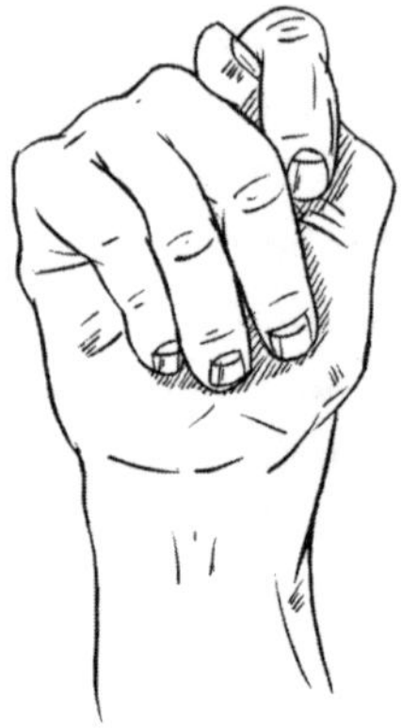

Feige?

In diesem Abschnitt wird deutlich, wie sehr es beim Zeigen von beleidigenden Gesten um Sexualität geht. Nichts erscheint so geeignet wie sexuelle Anspielungen, um die Gefühle von Menschen zu verletzen.

Der Daumen, der hier den eindringenden Penis symbolisiert, wird zwischen Zeige- und Mittelfinger durchgeschoben. Diese Finger stehen für Frauenbeine, die durch den Penis auseinander gedrückt werden.

Eine andere Deutung geht davon aus, dass diese Geste aus dem alten Rom stammt, wo die Finger die Lippen symbolisiert hätten. Die Geste soll in diesem Fall eher den Wunsch nach Cunnilingus ausdrücken.

Die Fingerhaltung bei dieser Geste erinnert aber auch an die Form einer Feige und wird deshalb in Italien »fico« (dt.: Feige) genannt. Diese Frucht kommt hier nicht zufällig ins Spiel. Bereits in der griechischen Mythologie findet sie sich als Symbol der Fruchtbarkeit und Verführung, da ihre Form an die Vulva der Frau erinnert. Die Odysse berichtet beispielsweise von der alles verschlingenden Scylla, die Odysseus beinahe zum Verhängnis wurde, und ihrer Gegenspielerin Charybdis. Diese beiden »Gefahren des Meeres« hausten an den Ufern einer Meerenge und verschlangen alles, was in ihre Reichweite gelangte. Interessant ist die Frucht, die Charybdis zugeordnet wird: Charybdis war ein Meeresstrudel, über dem ein großer Feigenbaum wuchs.

Das erinnert auch an alte Kunstwerke, bei denen eine gezahnte Vagina – die so genannte »Vagina dentata« – dargestellt wird: die Frau als alles verschlingende Höhle, die in Mythologie und Kunst immer auch für Gefahr, Unheil und Kastration, nicht nur für Fruchtbarkeit stand.

Es gibt jedoch ein Land, in dem diese Geste etwas ganz anderes bedeutet: In Brasilien wird die Feige – dort »figa« genannt – als Glückssymbol verwendet. Aber überall sonst können Sie mit Sicherheit davon ausgehen, dass diese Geste als vulgäre sexuelle Anspielung und Beleidigung verstanden wird. Und das endet nicht selten in bösen Streitereien.

Tipp: *Von manchen Männern wird diese Geste als Möglichkeit angesehen, Frauen zu sexueller Aktivität zu verführen. Diese Sorte Männer sollte lieber in eine Flasche edlen Champagners investieren und dieses Buch aufmerksam studieren.*

Töten

Der Ursprung dieser bekannten Geste liegt in der römischen Antike zur Zeit Julius Cäsars. Cäsar organisierte aufwendige Gladiatorenspiele, um seine Beliebtheit beim Volk zu steigern. Bei diesen brutalen Spielen wurde häufig um Leben und Tod gekämpft. Musste sich einer der Kämpfer ergeben, so wandte sich der siegreiche Gladiator dem Volk zu, das dann entscheiden konnte, ob der Verlierer am Leben gelassen oder getötet werden sollte. Sollte der Verlierer verschont werden, wurden die Daumen der Zuschauer in der Hand verborgen, fiel das Urteil aber gegen ihn aus, wiesen die Daumen nach unten (siehe auch »Yeah!«, Seite 50). Julius Cäsar organisierte jedoch derart große Spiele, dass die Befragung des Volkes zu schwierig wurde. Es ist daher anzunehmen, dass er immer wieder auch persönlich über das Schicksal der unterlegenen Kämpfer entschied. Deren Leben war zu dieser Zeit ohnehin nicht viel wert – es waren Sklaven, Verbrecher oder Kriegsgefangene, die zum Kämpfen gezwungen wurden.

Das Wort Gladiator kommt vom lateinischen »gladius« und bedeutet auf Deutsch »Schwert«. Es waren meistens Fechter, die in den großen Arenen wie zum Beispiel dem Kolosseum in Rom auftraten. Der nach unten gerichtete Daumen symbolisiert daher den Wunsch, dass mit dem Schwert zugestoßen werde.

Der nach unten gerichtete Daumen – ein grausames und »mörderisches« Zeichen in der römischen Antike – hat aber noch weitere Konnotationen: Man kann davon ausgehen, dass das abstimmende Volk mit dieser Geste bedeuten wollte: »Stich zu und bringe ihn unter die Erde!« Aus psychoanalytischer Sicht ist der nach unten zeigende Daumen aber auch ein Symbol für die mangelnde Kraft und Potenz des unterlegenen Kämpfers, der deshalb den Tod verdient hat.

Tipp: *Bedenken Sie: Diese Geste, die allgemein für Abwertung und Abwehr steht, kann Betroffene nachhaltig kränken. Achten Sie daher insbesondere bei sensiblen Themen auf Ihre Gestik …*

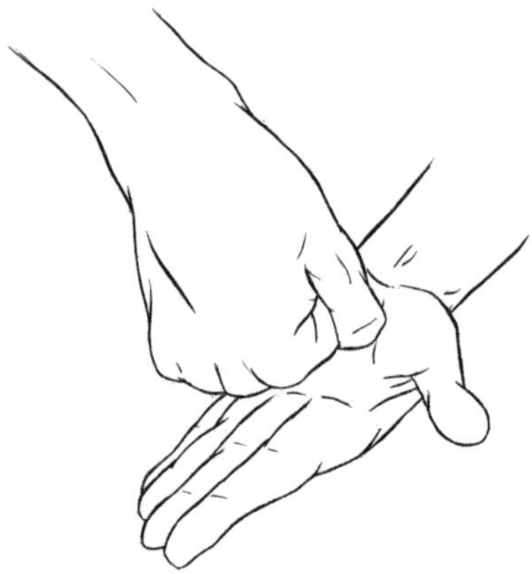

Verdammt noch mal

Diese Geste kann Verschiedenes bedeuten, hat jedoch immer denselben Hintergrund: eine explosive Entladung von Spannung oder Ärger, die sich vehement Raum verschafft. Deshalb versetzt man (ersatzweise, denn das eigentliche Ziel kann ganz woanders liegen) der eigenen Hand einen Schlag, indem die eine – zur Faust geballt – auf die Handfläche der anderen niederfährt.

In den meisten Fällen geschieht dies aus Ärger über eine Situation, die man selbst oder ein anderer verschuldet hat. Wie auch immer: Der jeweilige Widerstand, dargestellt durch die offene Hand, soll nun symbolisch durch den Schlag durchbrochen werden. Die Wut des Ausführenden kommt deutlich zum Ausdruck, und eine starke Parallele zu einer anderen Geste – allerdings keiner Handgeste – ist evident. Gemeint ist das Aufstampfen der Füße, etwa bei trotzigen Kindern.

Nicht immer muss es nur Ärger sein, der sich entlädt. Genauso kann es sich um einen grandiosen Einfall handeln, der den Gestikulierenden derart begeistert, dass er sich genötigt sieht, spontan auf die eigene Hand zu schlagen. Aber auch bei dieser freudigen Erregung gibt es einen aggressiven Hintergrund. Wahrscheinlich hat man durch eine bestimmte Idee einen Weg gefunden, einen hartnäckigen Widerstand oder Gegner endlich besiegen zu können.

Dass die offene Hand wie eine Schale gekrümmt ist, ist aus unserer Sicht kein Zufall. Einerseits beschwichtigt die runde Form einer Schale, und andererseits ist sie ein symbolischer Behälter für gewonnene Erkenntnisse oder Ideen. Die geballte Faust und das Klatschen des Aufpralls zeigen hingegen eine sexuelle und aggressive Stimmung an.

Die Tiefenpsychologie sieht die geballte Faust als ein Mittel, aufgestaute Erregung auszudrücken. Das schnelle und gezielte Zuschlagen hat zudem etwas eindeutig Phallisch-Aggressives an sich.

Tipp: *Sollten Sie einem Menschen begegnen, der häufig diese Geste ausführt, seien Sie auf der Hut. Seine aggressive Gestik zeugt von Unbeherrschtheit und grundsätzlicher Unsicherheit im Umgang mit anderen.*

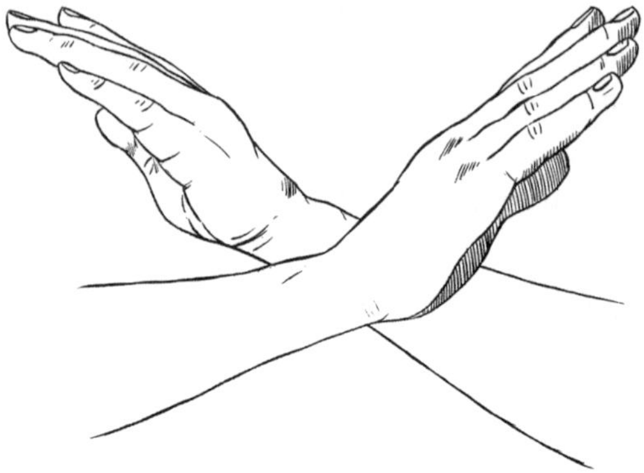

Aus, Schluss, basta

Jeder kennt die Situation: Eindringlich versucht man, Zuhörern etwas klar zu machen. Man erklärt eine Sachlage oder einen Vorschlag wieder und wieder – aber ohne Erfolg. Alles, was man vorschlägt, wird einfach abgelehnt. Von der langwierigen Diskussion gereizt und müde, greift man – wenn man die Macht und Möglichkeit dazu hat – zu drastischeren Mitteln, um den anderen unmissverständlich klar zu machen: »Aus jetzt. So wird's gemacht und nicht anders.«

Wenn man eine Auseinandersetzung radikal beenden möchte, ist die oben gezeigte Geste der durch die Arme und Hände geformten Schere das adäquate Zeichen. Man signalisiert deutlich, dass dem oder den Kontrahenten buchstäblich das Wort abgeschnitten werden soll, und sagt gleichzeitig: »Bis hierher und keinen Schritt weiter – oder es gibt Ärger.« Die beiden überkreuzten Arme bilden ein Schutzschild, das die gewünschte Distanz zur Umgebung ausdrücken soll. Das Durch-die-Luft-Schneiden der Arme und Hände drückt auch aus, dass man sich Raum und Zeit verschaffen will. Beobachten Sie Menschen, die diese Geste machen: Sie werden dabei immer einatmen, um eine verbale Attacke vorzubereiten und gleichzeitig zwei imaginäre Schläge durch die Luft sausen zu lassen.

Noch etwas anderes wird durch das Kreuzen der Gliedmaßen angedeutet. Vielleicht kennen Sie die Redewendung »überkreuz mit jemandem sein«. Das Kreuzsymbol verrät die Grundlage des Konfliktes. Die beiden Geraden des Kreuzes laufen in verschiedene Richtungen, sie haben nur einen einzigen Punkt gemein. Wie schwierig aus dieser Geste heraus noch ein Kompromiss zu finden ist, weiß jeder, der schon in so einer Situation gewesen ist. Ein Rückzug ist schwierig, denn die Geste zeugt, wie schon angedeutet, von Stärke und Macht. Wenn man glaubt, ein Gespräch mit dieser Geste beenden zu können, wähnt man sich wohl in einer ziemlich privilegierten Stellung.

Tipp: *Überlegen Sie sich gut, ob und wann Sie diese Geste einsetzen. Sollte nämlich niemand Ihren dadurch ausgedrückten Machtanspruch anerkennen wollen, wird es in der betreffenden Gruppe bald zu Kompetenzstreitigkeiten kommen.*

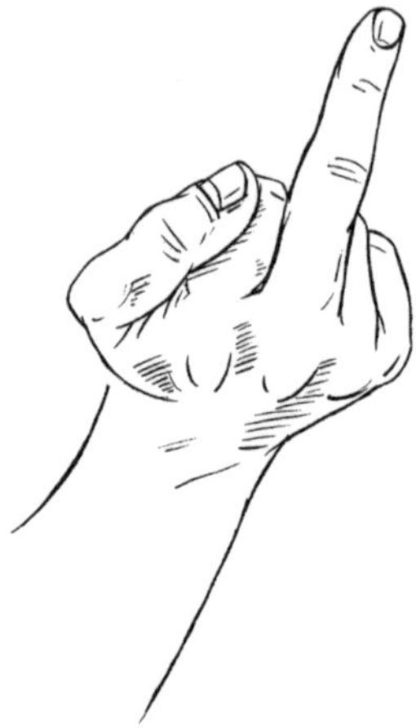

Frecher Finger

Die Geste des »frechen Fingers« kannte man schon im alten Rom. Der exzentrische römische Kaiser Caligula gilt als der Urheber des »digitus impudicus«. Er soll – um seine Untertanen zu erschrecken und zu demütigen – lediglich den vorgestreckten Mittelfinger hingehalten haben, der dann zu küssen war. Wahrscheinlich war der symbolische Gehalt des Mittelfingers schon zu dieser Zeit von stark sexueller Art, und man kann sich vorstellen, wie unbehaglich die Menschen sich bei dieser Form von erzwungener Begrüßung gefühlt haben müssen.

Der in die Höhe gestreckte Mittelfinger ist mit Sicherheit die weltweit am meisten verbreitete aggressive Geste und wird als Symbol für einen sicher nicht zärtlich gemeinten Beischlaf verstanden. Der gestreckte Finger ist für jeden Betrachter unschwer als imitierter Phallus zu erkennen. Die Geste kann statisch gezeigt oder durch heftige Auf- und Abbewegungen noch unterstrichen werden.

In beiden Fällen bedarf es wenig Phantasie, um den Gehalt der Geste zu verstehen: Natürlich ist das brutale Eindringen in den Körper des anderen gemeint, das Vergewaltigen und nachhaltige Demütigen der gesamten Person. Dass diese Geste sowohl gegenüber gleich- als auch gegenüber verschiedengeschlechtlichen Menschen eingesetzt wird, ist eine interessante Facette. Das symbolische Eindringen des dargestellten Penis ist nicht immer auf das weibliche Genital beschränkt: Offenbar hegt ein Mann, der diese Geste einem anderen Mann zeigt, unbewusst anale Vergewaltigungsphantasien bzw. will er sein Gegenüber auf diese Weise symbolisch seiner Männlichkeit berauben. Ähnliches gilt natürlich auch von einer Frau, der diese Geste gezeigt wird; die Aussage ist klar: »Ich nehme dich, wie es mir gefällt, und du kannst nichts dagegen tun.« Zeigt aber eine Frau einer anderen Frau den gestreckten Mittelfinger, wünscht sie ihr offenbar schmerzhafte Erfahrungen im Intimbereich.

Tipp: *Nach der Lektüre dieses Buches sollten Sie eigentlich andere Gesten im Repertoire haben, die Sie eher einsetzen wollen. Sehr originell ist diese Geste wahrlich nicht.*

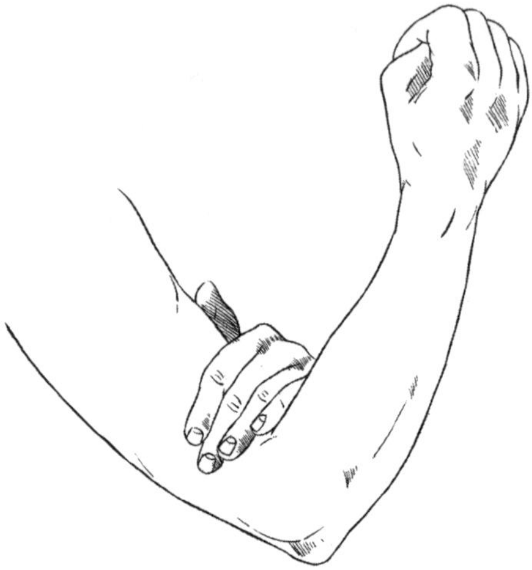

Verpiss dich

Die Todesstrafe ist ein wenig rühmliches Kapitel in der Geschichte der Menschheit. Sowohl im germanischen als auch im römischen Recht war sie eine geläufige Maßnahme, um vermeintliche oder tatsächliche Verbrecher zu bestrafen. Im zwölften und dreizehnten Jahrhundert wurde sie ohne viele Umstände eingesetzt. Grauenvolle Methoden der Folter und des Mordes waren an der Tagesordnung und wurden öffentlich gezeigt. Eine davon war das Pfählen – eine Methode, die eng mit der oben dargestellten Geste zusammenhängt.

Das Durchbohren des Körpers eines oder mehrerer Gegner war vor allem bei einer historischen Figur wesentlich: Die Rede ist vom rumänischen Fürsten Vlad Tepes, der es in der Walachei im fünfzehnten Jahrhundert wegen seiner zahlreichen Pfählungen zu zweifelhafter Berühmtheit gebracht hat. Dieser Vlad Tepes stand dem Schriftsteller Bram Stoker Pate für den Protagonisten seines weltberühmten, mehrfach verfilmten Romans »Dracula«.

Dieses Eindringen, Durchbohren und Schänden eines Körpers ist der archaische Hintergrund der hier besprochenen Geste. Natürlich liegt auch bei ihr die Assoziation zur Vergewaltigung nahe, zumal Pfählungen im Laufe der Jahrhunderte meistens durch die Körperöffnungen vorgenommen wurden. Im Roman von Bram Stoker ist zwar das Herz das Ziel der Pfählung, aber das Ergebnis ist in jeder Version dasselbe: der grausam herbeigeführte Tod des Gepfählten, das in diesem Fall mit triebhafter Lust besetzte Spalten des Fleisches.

Durch das Hochreißen des Unterarmes und das Ballen der Faust wird genau dieses Durchbohren deutlich. Oft wird auch noch mit der frei bleibenden Hand gegen die Schulter des gebeugten Armes geklopft, um der Geste die zusätzliche Dimension des Schlagens zu geben. Ein weiteres wesentliches Merkmal dieser Geste ist, dass durch das Erheben und Zusammenpressen des Armes die Muskeln des Drohenden größer und mächtiger wirken: eine zusätzliche Demonstration der Potenz und des angedeuteten Willens, im Notfall auch mit geballter Aggression zu reagieren.

Tipp: *Diese Geste ist nicht nur auf Grund des beschriebenen Hintergrundes zu vermeiden. Sie zeugt von Brutalität und nicht gerade von vollendetem Stil.*

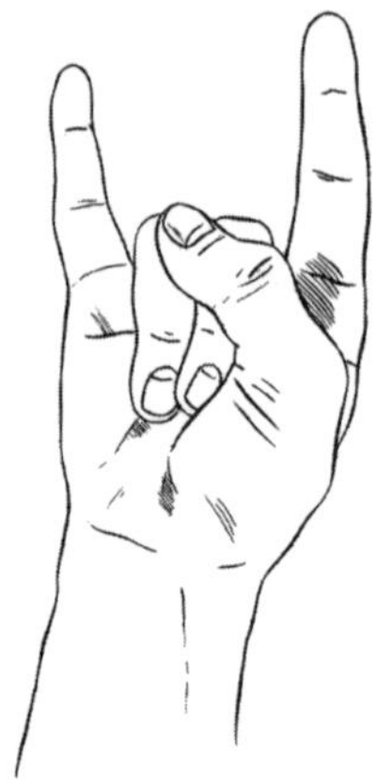

Betrogen?

Auch diese Geste sollte mit Vorsicht oder besser gar nicht gezeigt werden. Schon einige Männer mussten für das Andeuten der »aufgesetzten Hörner« mit dem Leben bezahlen.

Was aber ist so grob beleidigend an diesen zwei gestreckten Fingern und wirkt so stark, dass es zu derart fatalen Reaktionen führen kann?

In Italien ist die Antwort eindeutig: Dem männlichen Betrachter der Geste soll vermittelt werden, dass er von seiner Frau betrogen wird. Da die Geste schon mehr als 2.500 Jahre alt ist, lässt sich in diesem Fall die genaue Bedeutung nicht mehr hundertprozentig eruieren. Am wahrscheinlichsten ist die Deutung als ironische Anspielung: »Du bist ja wirklich ein ganz toller Stier« sagt man mit dieser Geste dann – aber in Wahrheit sollen natürlich Impotenz und Dummheit angedeutet werden, und es ist daher kein Wunder, dass besonders heißblütige Männer dabei völlig in Rage geraten können.

Die beiden erhobenen Finger stehen aber gleichzeitig für die doppelte Kastration des betroffenen Mannes. Ihm soll durch die angedeuteten Hörner vermittelt werden, dass er nichts mehr hat, was abstehen kann, dafür weist der Gestikulierende den mächtigen Phallus doppelt auf. Eine andere Interpretation geht sogar noch weiter und meint, die beiden Finger stünden für die Potenz des angeblichen, heimlichen Liebhabers der Ehefrau, die die des Ehemanns bei weitem überträfe. Auf jeden Fall werden bei dieser Geste sehr empfindliche, mit Angst besetzte männliche Gefühle verletzt. Allzu wütende Reaktionen lassen jedoch auf ein nicht sehr ausgeprägtes Selbstbewusstsein, insbesondere was die Potenz anbelangt, schließen. Denn wenn man sich als Mann seiner Potenz wirklich sicher ist, warum sollte man dann so große Wut über die Anspielungen eines anderen zeigen?

Tipp: *Geben Sie Acht: Vor allem in Mittelmeerländern gibt es viele Männer, die bei dieser Geste keinen Spaß verstehen. Lediglich in Texas haben die »Hörner« eine freundlichere Bedeutung. Studenten zeigen sie öfters, um ihr jeweiliges Lieblingsteam zu unterstützen, da das Emblem der Texas University das dort berühmte Langhornrind zeigt.*

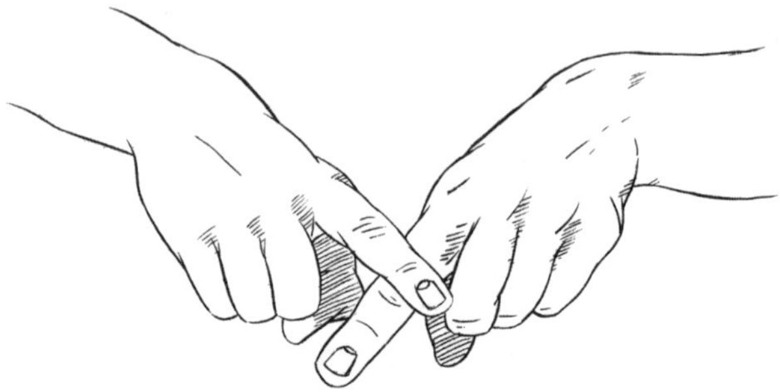

Das geschieht dir recht!

Wie bei den »Händen als Schere« wird auch bei dieser Geste – allerdings mit den Zeigefingern – symbolisch ein Kreuz dargestellt. Dieses Kreuz deutet einen offensichtlichen Konflikt an, bei dem letztlich einer der Konkurrenten den Kürzeren zieht. Darüber freut sich der Gestikulierende, und er will dem Unterlegenen zu verstehen geben, dass ihm völlig recht geschieht. Es ist diese Geste also ein unverfälschter Ausdruck der Schadenfreude, wobei erwähnt werden sollte, dass sie natürlich auch bei den Emotionen des Triumphes gut aufgehoben wäre.

Doch überwiegt hier der Anteil des Aggressiven und Feindseligen, denn die zwei Finger werden auch deswegen aneinander gerieben, um das kriegerische Kreuzen zweier Schwerter darzustellen.

Bemerkenswert ist in diesem Zusammenhang, dass das Symbol des Kreuzes generell seit dem fünften Jahrhundert (Kreuzigungsdarstellungen waren vorher nicht üblich) als ein

Symbol des Sieges verstanden wurde. Das damals vorherrschende hellenistische Schönheitsideal wäre mit den später assoziierten Bedeutungen des Kreuzes – Leiden und Sterben – unvereinbar gewesen. Aber auch spätere Jesusdarstellungen in Form des Kruzifix werten viele Gläubige als Zeichen des Triumphes über den Tod durch die Auferstehung.

Die Verbindung zum Kreuz wird ein weiteres Mal evident, wenn man eine weitere, sehr ähnliche Geste betrachtet, bei der aus den parallel ausgestreckten Zeige- und Mittelfingern beider Hände ein Kreuz geformt wird. In Süditalien wird so ein christlicher Schwur untermauert, der durch diese Geste absolut verbindlich wird.

Dieser Hintergrund wird jedoch den meisten Menschen, die diese Geste einsetzen, kaum bewusst sein, und es werden viel eher aggressive und kriegerische Assoziationen aufkommen – kein Wunder, denn das »Kräftemessen« zweier Menschen wird durch das Reiben der beiden Finger deutlich angezeigt. Nicht selten ist diese Geste der Startschuss für weitere, auch körperliche Auseinandersetzungen.

Tipp: *Diese Geste wird in den meisten Fällen von Kindern beim Spielen ausgeführt. Man sollte das im Hinterkopf behalten und die Geste – auch wenn man eine große Versuchung verspürt – bestenfalls im Spaß verwenden, um nicht allzu kindisch zu wirken.*

Was soll das?

Selten wohnen einer Geste so unterschiedliche Bedeutungen inne wie der des Handbündelns. Die Hand schließt sich mit gestreckten Fingern, die Kuppen berühren einander, und diese »Knospe« wird durch das Handgelenk auf und ab bewegt. In Italien bedeutet diese weit verbreitete Geste zumeist, dass der Gestikulierende um Aufklärung bittet. Nicht selten wird sie von einem lauten »Cosa fai?« (Was machst du?) oder »Che vuoi?« (Was willst du?) begleitet. Die zugespitzte Hand symbolisiert eine sich eben zuspitzende Situation. Der Fragende ist ärgerlich über die fehlende Information. Manchmal ist diese Geste auch nur mehr rhetorisch zu verstehen. Der Betreffende will lediglich seinen Ärger über die Tat des anderen kundtun und legt auf eine Erklärung gar keinen Wert mehr. Ob der Gestikulierende die aggressive »Knospe« in schelmischer Weise oder tatsächlich zornig verwendet, kann man am Besten an seiner Mimik ablesen.

Neuerdings weitet sich diese italienische »Spezialität« auch auf Österreich, Deutschland und Frankreich aus. Es gilt als *trendy*, diese lässige Geste zu verwenden. Aber Vorsicht: Die Franzosen verfügen über eine ganz ähnliche Geste, die das Gegenteil, nämlich Angst und Unsicherheit, ausdrückt. Der Unterschied liegt darin, dass die Fingerkuppen der gebündelten Hand leicht und schnell aufeinander geschlagen werden.

Wird die gebündelte Hand nur einmal nach unten bewegt, so möchte man, besonders in Griechenland und in der Türkei, seine Zustimmung ausdrücken. Diese Geste hat sich nur als Fragment in unsere Tage hinübergerettet. Ursprünglich wurden zuerst die Fingerspitzen geküsst; dieser erste Teil fiel jedoch mit der Zeit weg, und übrig blieb die gebündelte Hand begleitet von einem lächelnden Gesicht.

In allen Teilen der Welt wird die gebündelte Hand, die zum Mund deutet, als eindeutig verstanden: »Essen«. Das symbolische Zum-Mund-Führen von kleinen Happen hat wohl schon manchen hungrigen Urlauber zum Ziel geführt, ohne dass er die Sprache des Landes beherrschte.

Tipp: *Urlauber auf Malta sollten wissen, dass diese sonst überwiegend negativ konnotierte Geste auf dieser Insel die entgegengesetzte Bedeutung hat, nämlich: »Ausgezeichnet!«*

Das Gift der Seele – Angst, Ratlosigkeit, Depression

Ein schwammiges Gefühl in den Knien, leichtes Zittern der Hände, das Verkrampfen der Nackenmuskeln – die Angst ist da. Einer der größten Hemmschuhe zur Bewältigung des Alltags in unserer überzivilisierten Gesellschaft macht so manchem das Leben schwer. Im Gegensatz zur konkreten Furcht vor dem Einbrecher, der gerade vor einem steht, oder einem Tier, das sich zum Angriff bereit macht, taucht die Angst scheinbar grundlos auf. Prüfungsangst, obwohl der Kandidat genügend gelernt hat, oder Verlustangst, trotzdem der Partner seine Treue immer wieder bekundet, sind traurige Errungenschaften einer Kultur, in der nur scheinbar Sicherheit vorherrscht. Zu Kriegszeiten sind Phobien oder neurotische Angststörungen sehr selten zu diagnostizieren, da die konkrete Furcht vor dem Tod leichter fassbar ist als diffuse Bedrohungen wie Umweltverschmutzung und Werteverlust.

Die Themen Angst und Hoffnungslosigkeit wurde schon einmal von Edvard Munch in dem Bild »Die Verzweiflung« verarbeitet, mit dem späteren »Schrei« aber in besonders eindrucksvoller Weise interpretiert.

Die dargestellte Person ist geschlechtslos. Der Blick fällt vor allem auf die Geste, die Angst, massives Leid und Depression ausdrückt. Der Kopf muss von den Händen gestützt werden, der Schrei, der nach außen hallt, wird von niemandem gehört, und so will auch der Schreiende nichts davon hören. Dic Arme sind schützend angewinkelt, das Bild suggeriert einen Sog des Entsetzens und der Bedrohung, aus dem es kein Entrinnen mehr gibt.

Wenn wir das Wort Angst näher beleuchten, erkennen wir wesentliche Zusammenhänge, die eine tiefergehende Erkenntnis ermöglichen: Es ist verwandt mit dem lateinischen Wort »angustus« und verweist auf Begriffe wie Enge beziehungsweise Beengung. Wenn wir beispielsweise das Bild Munchs betrachten, bemerken wir, dass sich die Welt im Hintergrund spiralenartig verengt; auch der Hals, aus dem der verzweifelte Schrei tönt, wird besonders schmal und gewunden wiedergegeben. Angst ruft körperliche Reaktionen hervor, die der Stimmung des Bildes entsprechen:

Beklemmungsgefühle, Atemnot, Würgegefühle im Hals, Schlaflosigkeit, Magen-Darmstörungen, Verspannungen, Herzrasen und viele andere unangenehme Begleiterscheinungen sind nur einige wenige Beispiele für die physischen Qualen der Angst.

Angst und Furcht sind nicht dasselbe

Üblicherweise unterscheiden Psychologen und Philosophen deutlich zwischen Angst und Furcht: Die Furcht wird dabei als die konkrete Reaktion auf eine aktuelle Gefahr gesehen, wie beispielsweise auf einen knurrenden Hund, der auf uns zugeht und die Zähne fletscht. Angst hingegen ist diffuser, umfassender, weniger leicht oder auch gar nicht greifbar. Sie kann selten auf eine konkrete Ursache oder Situation zurückgeführt werden und ist daher in der therapeutischen oder ärztlichen Behandlung problematisch. Das geschilderte seelische Unbehagen bei der Angst führt nämlich neben den oben erwähnten unangenehmen körperlichen Phänomenen auch zu weitreichenden psychischen Lebenseinschränkungen, die alle Betroffenen zu Opfern ihrer Phobien machen.

Während die Angst in der griechischen Antike kein vorrangiges Thema war, wurde sie mit Beginn der gnostischen Schriften sehr wohl thematisiert. Von nun an sollte die Welt in zwei Sphären geteilt werden: in ein Reich der Finsternis, das als von Dämonen und bösen Trieben besetzt galt, und auf der anderen Seite in das Reich Gottes, das im steten Streit mit dem Bösen um die Herrschaft über Welt und Menschen lag. Die Philosophie hatte sich diesem Denken zu unterwerfen. Bis zur Reformation im sechzehnten Jahrhundert war Philosophie in Europa fast ausschließlich in Übereinstimmung mit der katholischen Kirche möglich.

Sören Kierkegaard und die Angst der freien Entscheidung

Der dänische Philosoph Sören Kierkegaard war davon überzeugt, dass der Mensch zwischen einer ästhetisch-hedonistisch und einer ethisch orientierten Lebensweise wählen kann und letztlich sogar muss. Gibt man die ästhetische Lebensart mit ihrem verfeinerten Genussanspruch zu Gunsten einer ethischen Lebensweise auf, ist der Suchende trotzdem noch lange nicht am Ziel. Denn diese »Selbstwahl« ist begleitet von massiver existenzieller Angst; der Angst nämlich, angesichts des großen Angebots des Lebens die richtigen Entscheidungen zu treffen und dabei nicht alleine zu bleiben. Der einzige Weg aus diesem Dilemma ist für Kierkegaard die Gnade Gottes, die man suchen und finden muss.

Kierkegaard befasste sich ein paar Jahre später wieder mit dem Thema Angst und verfasste 1846 »Furcht und Beben«. In dieser Schrift philosophiert er über Gottes grausame Forderung an Abraham, seinen Sohn Isaak für ihn zu opfern. Kierkegaard klärt anhand dieses Beispiels das Paradox des Glaubens, der alles verlangt, aber keinerlei Sicherheiten gibt. Es geht daher nicht mehr um ein natürliches Verstehen, so Kierkegaard, sondern um einen Sprung ins kalte Wasser. »Glauben bedeutet den Verstand zu verlieren, um Gott zu gewinnen«, schreibt Kierkegaard in »Furcht und Beben«, und er sollte noch sein ganzes Leben lang vehement für ein wahrhaftig ethisches Wertebewusstsein in der europäischen Gesellschaft plädieren.

Martin Heidegger, der sich nachhaltig von Kierkegaard inspirieren ließ, definiert die Angst als gegebene Grundstimmung des Daseins. Dies schließt er aus der Tatsache, dass wir letztlich alle sterblich sind und mit einem lebenslänglichen Todesurteil unser Leben auf dieser Welt fristen müssen. Erst wenn man gelernt hat, diese Vergänglichkeit zu akzeptieren, ist Freiheit für den Menschen, zumindest nach Heidegger, erfahrbar.

Jean-Paul Sartre wiederum wollte die Angst als jene Möglichkeit definieren, das eigene Sein negieren zu können. Der Mensch hat für ihn eine absolute Verantwortung für alle Schritte seines Lebens, da er die Fähigkeit des »Nichtens« hat: Er kann etwas radikal verneinen, ablehnen und muss daher mit der schweren Last der absoluten Freiheit – dem »Zwang zur Wahl«, wie Sartre es formuliert – zurechtkommen.

All diese Konzepte enden bei einem Punkt, nämlich beim »Schwindel der Freiheit«, wie es Kierkegaard formulierte. Die Freiheit, sein Leben selbst zu bestimmen, also stets wählen zu können, ist die einzige Chance, dem eigenen Sein einen Sinn zu geben.

Albert Camus hat diesbezüglich gemeint, dass nur die erkämpfte Freiheit auch frei von Angst sein kann. Allerdings ist genau diese Freiheit auch die beste Voraussetzung dafür, stets in der Angst zu leben, vielleicht doch immer wieder falsch zu wählen. Um dieser Gefahr aus dem Weg zu gehen, entwickeln viele Menschen gerade in der heutigen Zeit unterschiedlichste Strategien, sogenannte Ersatzängste, um der umfassenden existenziellen Angst auszuweichen.

Krankheit Angst

Ein gesundes Maß an Angst ist notwendig, um geeignete Schutzmechanismen bei tatsächlich bedrohlichen Situationen zu entwickeln. Freud unterschied daher deutlich zwischen der notwendigen Realangst und der neurotischen Angst. Letztere hat die Aufgabe, uns durch geeignete Abwehrmechanismen vor zu heftigen aggressiven oder sexuellen Wünschen zu schützen. Dazu bedient sich die neurotische Angst verschiedenster sogenannter Abwehrmechanismen, um die als verboten wahrgenommenen Triebe zu unterdrücken oder umzuleiten. Doch wirken diese Wünsche über verschlungene Pfade unablässig weiter und machen sich durch unterschiedlichste Symptome bemerkbar. Als Freud den oft zitierten Satz »Wo ES war, soll ICH werden« formulierte, meinte er, dass eben diese verschütteten Inhalte dem Bewusstsein nach und nach zugänglich gemacht werden sollten, um das Ich zu stärken. Denn genau diese Ich-Stärkung benötigt der neurotische Mensch dringend. Angst hemmt alle Lebensmöglichkeiten und Entwicklungen und bringt oft die talentiertesten Menschen um wichtige Erfahrungen.

Angst und Neurose sind daher jeweils mehr als nur ein einzelnes Symptom. Beide stellen jenes Gift dar, das die Entwicklung einer gesunden Psyche verhindert.

Das Gift der Depression

Vermehrt sich dieses Gift der neurotischen Angst, ist es nicht mehr weit bis zur Depression. Kommt die Angst etymologisch von »beengend« (lat.: angustus), so leitet sich die Depression vom lateinischen »deprimere« her, was so viel wie »niederdrücken« bedeutet. Bei den von dieser Krankheit Betroffenen ist meist die Verlustangst extrem gesteigert. Die Angst vor Trennung, der Verlust von Geborgenheit und die isolierende Distanz werden vom depressiv erkrankten Menschen als absolut unerträglich wahrgenommen. Um mögliche Verluste weitestgehend vermeiden zu können, wird eine ausgeprägte Selbstständigkeit weit hintan gestellt. Die Folge ist eine wachsende, schließlich krasse Ich-Schwäche, die alles Positive im Menschen erdrückt. Gefühle der Antriebslosigkeit, Mut- und Ratlosigkeit, der Sinnlosigkeit und lähmenden Traurigkeit sind die Folge. Diese Zustände können in späteren Stadien bis zur völligen Erstarrung führen (»stupor«), die einem totalen Rückzug gleicht, aus dem es für manchen Betroffenen keinen Ausweg mehr gibt.

Die Depression kannte man schon im Altertum, und der gesamte Komplex der traurigen Stimmungen wurde in der Antike unter dem Begriff »Melancholie« zusammengefasst. Interessanterweise waren es gerade die beiden Paradephilosophen der Antike, Platon und Sokrates, denen man nachsagt, selbst depressive Persönlichkeiten gewesen zu sein. Platon verwies, möglicherweise durch Eigenerkenntnis, schon ungefähr 2.400 Jahre vor Freud auf die interessanten Zusammenhänge zwischen trübsinnigen Stimmungen, Trunksucht und masochistischer sexueller Enthaltsamkeit, die sich bei Depressiven häufig in steter Folge ablösen. Für ihn liegt der Grund für diese Anlage in den physiologischen Gegebenheiten des Betroffenen. Er sieht den Melancholiker als mehr oder weniger verloren an, da ihm das vernünftige Mittelmaß weitestgehend fehlt.

Platon war es auch, der insbesondere in der manischen, übertrieben positiven Verhaltensweise – die in Wahrheit nur die Kehrseite der Depression ist – eine göttliche Genialität zu erkennen glaubte. Aristoteles nahm diesen Gedanken auf und postulierte die auch von Freud verfolgte These, dass nahezu alle besonders begabten Menschen, die Großes leisten, vom Typus gesehen der Melancholie sehr nahe sind oder sogar sein müssen. So abwegig ist diese Theorie nicht, denn Beispiele für geniale Menschen, denen man Melancholie nachsagt oder nachwies, gibt es genug: Michelangelo, Platon, Sokrates, Dürer, Luther, Petrarca, Kant, Schopenhauer, Nietzsche, Kierkegaard, Dante, Schumann, Mussorgskij, Baudelaire oder Pavese.

Die schwarze Galle

In der Antike hatte man noch eine recht kurios anmutende Erklärung für das Phänomen der Depression. In der »Säftelehre« des Hippokrates sprach man von der »schwarzen Galle«, die für die Erkrankung verantwortlich sei. Ihr schrieb man die häufig beobachtete Mutlosigkeit, Trägheit und allgemein hohe Leidensbereitschaft der betroffenen Menschen zu. Später, in der Zeit der Scholastiker, erklärte der belgische Laienpriester Heinrich von Gent die Melancholie mit der überdurchschnittlich hohen Erkenntnisfähigkeit der trübsinnigen Menschen. Dies beträfe insbesondere die großen Mathematiker, denen es nach Gent an der Fähigkeit mangelte, metaphysische Instanzen zu akzeptieren. Auch der Melancholieforscher Tellenbach schloss an diese Gedanken an und postulierte, dass Melancholiker auf Grund ihrer hohen Ansprüche und Wünsche gegebene Grenzen nicht akzeptieren können und diese daher überschreiten wollen.

Die Kombination von hoher psychischer Regsamkeit und gleichzeitigem Hang zum Denken und Forschen scheint tatsächlich ein »ideales« Fundament für diese Krankheit zu sein. Auch Kant sah diese negativen Seiten der Melancholie, aber er erkannte auch positive, wie zum Beispiel die kreative Kraft, die ein von der Gesellschaft zurückgezogener Mensch aufbringen kann, solange die Schwermut und der Überdruss nicht völlig überhand nehmen.

Friedrich Nietzsche, ein psychologisch besonders versierter Philosoph, der selbst im Wahnsinn endete, erklärte sich als melancholisch und nannte die Depression aus eigener Erfahrung den »Geist der Schwere«. Nietzsche erlebte das immer wieder aufkeimende symptomatische Bedürfnis, sich besinnungslos in Exzesse aller Art zu stürzen, um danach wieder um so stärker den harten Boden der Realität zu spüren.

War man allerdings von der Antike bis zur Zeit Freuds ziemlich ratlos, wie diese Krankheit und deren Symptome behandelt werden können, so weiß man heute mehr darüber.

Als Ursachen werden einerseits biochemische Störungen angeführt, die auf eine übermäßige Empfänglichkeit in Bezug auf den Neurotransmitter Acetylcholin zurückzuführen sind. Andererseits werden aber auch immer wieder die belastenden Faktoren unserer heutigen Umwelt angeführt. Tatsächlich sind die moderne Leistungsgesellschaft und die damit verbundene Vereinsamung Grund genug, die Rat- und Mutlosigkeit vieler Menschen zu fördern.

Gleichzeitig weist vieles darauf hin, dass depressive Störungen genetisch weitergegeben, also vererbt werden können. Die Dunkelziffer einer verkannten oder unterdrückten Depression insbesondere bei Männern wird deshalb als entsprechend hoch eingeschätzt.

Symptome wie Konzentrationsunfähigkeit, Energieverlust, Entscheidungsunfähigkeit, Trägheit, übertriebene Redseligkeit zeigen sich in vielen Gesprächen und nicht zuletzt auch in der Gestik. Streicht sich jemand übertrieben häufig über die Stirne, um symbolisch den Angstschweiß abzuwischen, so kann dies ein Zeichen für eine depressive Verstimmung sein. Auch häufiges Anfassen der eigenen Kehle und Kneten der verspannten Nackenmuskulatur sind oft Ausdruck innerer Unruhe und Angst.

Der Cousin

Wie konnte er nur so dumm gewesen sein, einen Kredit bei »Blitz & Partner« aufzunehmen? Der Überziehungssrahmen seines Girokontos war voll ausgeschöpft gewesen, die Kredite, die er laufen hatte, überzeugten den zuständigen Sachbearbeiter seiner Hausbank auch nicht gerade davon, dass Marek in näherer Zukunft seinen Zahlungsaufforderungen noch nachkommen können würde. Seine engsten Freunde waren selbst am Limit gewesen. Was hätte er also tun sollen, als die Jungs vom Pokerclub ihre 40.000 Schilling sehen wollten? Das Inserat von »Blitz & Partner« war ihm wie ein Omen erschienen, und kurzerhand hatte er seine Unterschrift unter das seitenlange Kleingedruckte gesetzt. Er wusste, er würde das Vierfache zurückzahlen müssen, aber dieser Kredithai schien der einzige Ausweg.

So schlenderte Marek nun einen Monat später durch die Wiener Innenstadt und blieb vor einem Lederwarengeschäft stehen. In Reih und Glied schimmerten verschiedene Brieftaschen in der Auslage. Es war Mareks zwanzigster Geburtstag, und er hatte von seinem Vater zweitausend Schilling bekommen, die er lose in der Gesäßtasche seiner Bluejeans aufbewahrte. Zeit für einen kultivierten Auftritt, dachte Marek, schließlich sind meine Teenagerjahre nun endgültig vorbei. Entschlossen drückte er gegen den Knauf der Geschäftstür und betrat das Lokal. Eine Klingel rief den Ladenbesitzer herbei.

»Was steht zu Diensten, der Herr?«

Marek kam sich vornehm vor. Das Geschäft in einer Seitengasse zur Kärnterstraße hatte noch diese altmodisch-elegante Atmosphäre, in der Kunden wie rohe Eier behandelt werden.

»Ich«, versuchte er seine Wortwahl der noblen Umgebung anzupassen, »wäre an einer Geldbörse interessiert.«

»Geldbörse?«

»Ja.«

»Dachten Sie an eine Brieftasche?«

Marek wurde ungeduldig: »Was denn sonst?«, und bereute seine schnoddrige, patzige Gegenfrage, denn der Ladenbesitzer hob indigniert seine rechte Braue und sah ihn tadelnd an.

»Nun, mein Herr«, sagte der Händler, öffnete eine der Schubladen und zog eine hufeisenförmige Klappbörse hervor, die Marek an seine Bubenzeit erinnerte. Seine war kirschrot gewesen, und er kannte den übermütigen Klang, den die Schillinge und Groschen erzeugten, wenn sie aus dem Inneren der Börse gegen den metallverstärkten Rand rollten. »Dies zum Beispiel ist eine Geldbörse, die sicherlich keine Brieftasche zu sein scheint. Geben Sie mir recht?«

»Selbstverständlich, verzeihen Sie. Also dann, eine Brieftasche.«

»Schweins- oder Rindsleder?«

Die Assoziation zum Steak war Marek angenehmer als die zum Kotelett, und so entschied er: »Rind.«

Sein Blick fiel auf eine Börse, die nach Crocodile Dundee aussah. Er deutete mit der Hand darauf und fragte: »Würden sie mir diese zeigen?«

»Mein lieber Herr, Sie haben einen guten Blick. Trotzdem würde ich Ihnen abraten. Babykroko, das teuerste Leder am Weltmarkt! Nun, das ist für eine Herrenbrieftasche, die häufig benutzt wird, und ich nehme an, Sie wollen Sie nicht unter einer Glasglocke aufheben«, er lachte kurz, »also nicht die beste Wahl, denn Gebrauchsgegenstände aus dieser Luxushaut nutzen sich schnell ab. Die Schuppen, es sind eigentlich unter uns gesagt kleine Hornplättchen, blättern rasch ab. Nach höchstens zwei Jahren können sie dem zerfledderten Etwas nur mehr ein zartes Adieu zuhauchen.« Er grinste.

Marek bedauerte langsam, nicht in den nächsten Supermarkt gegangen zu sein – wenn das mit dem Elegantsein immer so anstrengend sein würde, dann wäre es vielleicht doch nichts für ihn.

Als hätte der Lederwarenhändler seine Gedanken erraten, sagte er in verschwörerischem Ton: »Wissen Sie, derzeit weht ein scharfer Wind im Lederwarengeschäft. Besonders die Italiener schrecken vor nichts zurück. Da ist selbst für die Japaner, die ja ansonsten Meister im Kopieren sind, noch etwas dazuzulernen. Aus den Schwimmhäuten von Entenfüßen produzieren diese Stiefelbewohner falsches Echsenleder, das vom echten nur durch einen Experten zu unterscheiden ist. Ich bin seit über 45 Jahren im Geschäft, glauben Sie mir, in den Supermärkten werden Sie beschummelt! Bei mir bekommen Sie beste Ware, und ich stehe mit meinem Wort für ausgezeichnete Qualität.«

Marek antwortete nicht und lockerte die gestreifte Krawatte, die er zum Anlass seines heutigen Ehrentages trug. Er blickte gelangweilt zur Auslagenscheibe. Die Sonne spiegelte sich im Glas, und trotzdem konnte er deutlich den Mann sehen, der draußen vor dem Geschäft stand und durch die Scheibe glotzte. Sein Gesicht bestand hauptsächlich aus Haut und Knochen, die Augen waren zu einem Schlitz verengt. Die Nase verlief in einem scharfen Bogen. Marek überlief eine Gänsehaut, als er dieses Gesicht auf sich gerichtet sah. »Blitz & Partner«, schoss es ihm durch den Kopf. Vier Zahlungserinnerungen hatte er bereits erhalten und auf keine reagiert. Wenn dieses Institut Geldeintreiber verschickt, dann müssen sie aussehen wie dieser Typ da.

»Sehen Sie beispielsweise diese Brieftasche«, hörte er den Händler brubbeln, »aus Perlseehundleder. Robust wie ein Volvo und doch sehr feinnarbig. Wenn Ihnen der Sinn nach etwas Außergewöhnlichem stehen sollte, könnte ich Ihnen auch diese hier aus gegerbtem Aal empfehlen, sehr glatt, sehr vornehm und selten.«

Aber wie hatten Sie ihn gefunden? Er hatte niemandem gesagt, wo er hingehen wollte. Und für einen Zufall erschien ihm diese Situation doch zu unwahrscheinlich. Was sollte er tun? Ihm die zweitausend Schilling anbieten, als Anzahlung? Marek kratzte sich am Hinterkopf.

»Wenn Ihnen das noch immer zu konservativ scheint, hätte ich da noch etwas ganz Besonderes.« Der Verkäufer langte in eine der obersten Laden und brachte ein paar blass aussehende Brieftaschen zum Vorschein. »Sehen Sie, die hier ist aus Tapirleder und diese aus Froschleder. Ein bisschen kostspielig, aber äußerst extravagant!«

Bei dem Wort Froschleder drehte Marek dem Händler ruckartig den Kopf zu und meinte: »Froschleder? Was soll das heißen?«

»Nun, aus der gegerbten Haut von Fröschen.«

»Aha, Frösche. Haben Sie nichts Unauffälligeres?« Am liebsten wäre Marek auf Zwergengröße geschrumpft und hätte sich in eine der Brieftaschen verkrochen. Der Mann stand unbewegt vor der Fensterscheibe. Marek meinte auf der rechten Seite seines Sakkos eine Ausbuchtung ausnehmen zu können, die an einen Revolver denken ließ.

»Natürlich, diese hier! Eine Rindslederbrieftasche in hellem Sandbeige. Während des Einspeckens durch den ständigen Gebrauch beginnen sich die Kanten und Ecken in ein sanftes Rehbraun zu verfärben. Manche nennen diesen Vorgang trocken ›Nachdunkeln‹, ich aber finde, es ist wie mit einem Haus, das mit den Jahrzehnten immer malerischer wird. Tja, das ist natürlich Geschmackssache, vielleicht auch Charaktersache – hm, wer kann das wissen?«

Der Lederwarenhändler hielt Marek die Brieftasche entgegen.

Doch Marek reagierte nicht, er sah entsetzt zur Scheibe. Der Fremde hob langsam seinen rechten Arm, winkelte ihn an und zog seine gestreckte Hand aufreizend langsam über die Gurgel. Seine Augenschlitze verengten sich so sehr, dass Marek nicht einmal mehr das Weiße darin erkennen konnte.

Marek schwindelte.

»Sie sind ja ganz bleich. Haben Sie's mit dem Kreislauf? Jaja, diese Hitze macht so manchem zu schaffen. Kommen Sie, setzen Sie sich einen Augenblick, ich hole Ihnen ein Glas Wasser. Sie

werden sich gleich besser fühlen.« Fürsorglich nahm ihn der Händler beim Ellbogen und führe ihn zu einem Fauteuil. Mareks Knie zitterten, und er plumpste mit einem leisen »Uff« in den Sessel.

»Gehen Sie nicht weg«, bat Marek.

»Aber Sie müssen einen Schluck trinken. Man braucht viel Flüssigkeit, wenn die Temperaturen so hoch sind.«

»Einen Moment«, krächzte Marek. Er bemühte sich, Ruhe zu bewahren, doch das Wissen um die rauhen Methoden der Kredithaie brachte ihn nur noch mehr zum Beben.

»Der Mann da draußen«, sagte er leise, »will mir ans Leder.«

»Ha, da hat er sich das richtige Geschäft ausgesucht.« Der Händler sah zur verglasten Tür hinaus und konnte niemanden entdecken. »Aber ich kann niemanden sehen.«

»Wahrscheinlich wartet er um die Ecke, um mich ...«, Marek wagte nicht weiterzusprechen. War er in einen Hollywood-Krimi geraten? Marek überlegte, ob er sich die Anwesenheit des Mannes bloß eingebildet hatte. Vorsichtig schielte er zur Auslagenscheibe. Der Mann war verschwunden.

Marek stand auf und ging zur Tür. Niemand zu sehen. Diese Pokerschulden treiben mich noch glattweg ins Irrenhaus, dachte er.

»Ich«, stammelte Marek, »komme morgen wieder. Ich werde mir's überlegen.«

»Natürlich, mein Herr. Denken Sie gut darüber nach. Schließlich müssen Sie etliche Jahre mit ihrem Portemonnaie leben, da darf man nichts übereilen.«

Als Marek wieder auf die Straße trat, blies ihm starker Fönwind entgegen. Er schüttelte den Kopf, wie um sich den Schrecken aus dem Hirn zu beuteln und ging Richtung Stephanskirche. Als er in die nächste Gasse einbog, stieß er heftig mit jemandem zusammen – er hob den Blick und sah direkt in die sichelförmigen Augen des Fremden. Trotz 34 Grad im Schatten begann er zu frieren. Marek rannte zurück, riss die Ladentür auf und schrie: »Rufen Sie die Polizei, er ist hinter mir her!« Mit einem Satz war Marek hinter den

Ladentisch gesprungen und hockte nun ängstlich zwischen Lederetuis und Aktentaschen.

»Nun, wenn Sie meinen, so rufe ich die Polizei«, sagte der Lederwarenhändler in beruhigender Weise, als würde er lediglich eine fehlerhafte Ware umtauschen. Er hob den Telefonhörer und tippte die dreistellige Nummer.

Die Tür ging auf, der Sichelaugen-Mann betrat das Geschäft und blieb in der Mitte des Raumes stehen.

»Seien Sie vorsichtig«, flüsterte Marek zum Händler hinauf, »er ist bewaffnet.«

»Mein Cousin? Bewaffnet? Reden Sie doch keinen Unsinn. Sie hätten doch einen Schluck Wasser zu sich nehmen sollen. Sie scheinen mir einem Hitzeschlag nahe.« Der Händler trat auf den Mann zu, und sie schüttelten einander freundlich die Hände.

Oh Gott, dachte Marek, sie stecken unter einer Decke. Ein abgekartetes Spiel. In dem Augenblick, als er zum Telefon greifen wollte, wurde er ohnmächtig.

Als er wieder zu sich kam, hörte er die beiden sprechen. Er hielt die Augen geschlossen, um den Eindruck zu erwecken, besinnungslos zu sein. Besser feig als tot, sagte er sich.

Er spürte ein kühles, feuchtes Tuch, das seine Stirn benetzt.

»Weißt du«, hörte er den Lederwarenhändler zu seinem Cousin sagen, »ich hab deine Geste wohl gesehen. Glaub' bloß nicht, dass ich auf dein ungezogenes Herumgefuchtel reagiere! Deine Aufenthalte in Italien scheinen deine Vorliebe für aufdringliches Gebärden noch zu verstärken.«

»Ich wollte dir nur auf eindringliche Weise vermitteln«, hörte er den Killer antworten, »dass mir dein Gejammer über die italienischen Fälschungen bis zum Hals steht. Da ich keineswegs ungezogen bin, wie du mir unterstellst, tat ich dies mittels einer auch in Wien sehr geläufigen Geste, wenn einem ›etwas bis hier steht‹. Und zwar durch das Fenster, da ich bemerkt habe, dass du gerade einen Kunden bedienst. Hätte ich hereinkommen sollen und

meinen Zorn vor der Kundschaft herausbrüllen? Danach wäre mir nämlich gewesen – es ist schwierig genug, meine cholerische Ader im Zaum zu halten. Ich sage es dir jetzt zum letzten Mal: Ich kaufe nur beste Ware – wie immer. Wenn mal ein Entenfuß dabei ist, dann sicherlich nur, weil man mir nach der Überprüfung die Ware ausgewechselt hat. Ich glaube, du hast noch niemals eine wirklich ›ungezogene‹ Geste gesehen. Komm doch mal mit nach Italien, wenn ich die Herbstkollektion einkaufe – dort spricht man eben mit Händen und Füßen. Das ist ganz normal, und mir gefällt es sogar sehr.«

»Nein danke, lieber Cousin, mein Bedarf ist gedeckt, ein Zappelphilipp in der Familie reicht – sieh mal, der Junge hier scheint wieder die Augen aufzuschlagen.«

Marek blinzelte. Welch dummes Missverständnis – es war wirklich an der Zeit, die Stellung in der Firma seines Vaters anzunehmen und die Pokerschulden endgültig zu begleichen.

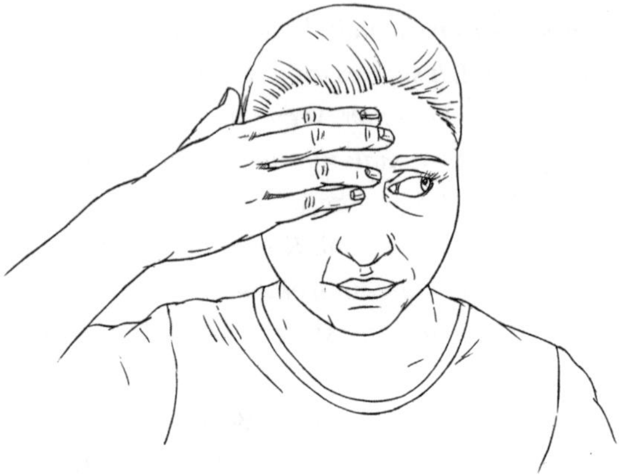

Was soll ich bloß tun?

Diese Geste muss immer der Situation entsprechend gedeutet werden: In manchen Fällen kann sie eine bevorstehende Kreislaufschwäche ausdrücken oder einfach nur Müdigkeit. In der Regel entsteht sie jedoch durch Rat- und Mutlosigkeit, manchmal auch durch Gefühle der Depression. In all diesen Fällen existiert ein psychischer Hintergrund, der am Besten mit folgenden Worten wiederzugeben ist: »Was soll ich bloß tun – mir wird alles zu viel ...«

Die Hand, die über die Stirn fährt, soll unangenehme und belastende Gedanken wegwischen und dem offenbar Erschöpften Halt und Stütze geben. Es geht darum, sich selbst Zuwendung zu spenden, um in einer überfordernden Situation Halt zu finden.

Auch die Praktik des Handauflegens fällt in diese Kategorie. Diese umstrittene Heilmethode ist bereits bei Jesus zu finden und ist heute wieder in esoterischen Strömungen wie »New Age« oder der »Charismatischen Bewegung« gang und gäbe.

Bei dieser Methode soll die heilende Kraft durch die Hände des »Heilers« auf den Patienten übertragen werden und diesen von seinen Schmerzen und Ängsten befreien.

Die Herkunft dieser Geste ist aus psychologischer Sicht klar. Man kann davon ausgehen, dass in der Phase der frühen Kindheit die meisten Eltern liebevoll über den Kopf ihres Kindes streichen, wenn sich dieses ängstigt und deprimiert ist. Durch die warme und einfühlsame Hand werden die belastenden Gedanken symbolisch weggefegt – das Kind erlebt eine intensive Stärkung und gewinnt Vertrauen. Diese Urerfahrung der elterlichen Zuwendung wird in belastenden Situationen wieder herbeigesehnt und auf die eigenen Hände übertragen; die Stirn ist dabei häufiges Ziel der Berührung.

Während die Hände über die Stirn fahren werden oft gleichzeitig die Augen geschlossen: Die bedrohliche, vielleicht sogar arg deprimierende Welt wird dadurch kurz verlassen. Beim Öffnen der Augen hofft man dann wieder eine bessere, heilere Welt vorzufinden.

Tipp: *Wird diese Geste überdurchschnittlich häufig ausgeführt, ist sie ein deutliches Zeichen für eine unter Umständen schwere depressive Verstimmung. Versuchen Sie offen über die Belastungen des Betroffenen zu reden. Häufig ist sich dieser der Schwere seiner Verstimmung gar nicht bewusst.*

Schwer zu sagen

Immer wieder gibt es Situationen, in denen rasche Entscheidungen notwendig sind. Viele Faktoren müssen berücksichtigt werden, und oft genug passiert es, dass man schlichtweg davon überfordert ist, eine vernünftige und überlegte Entscheidung in kurzer Zeit treffen zu müssen.

In solchen Phasen des Drucks und der Belastung zeigen die Hände – gleich einer Waage – ein Gegeneinander-Abwägen an. Die Unsicherheit wird meist durch das Anheben der Schultern unterstrichen. Diese weisen nach hinten und deuten den intensiven Wunsch an, sich der unangenehmen Situation zu entziehen. Auch der oft leicht eingezogene Kopf unterstreicht diese Bemühung.

Gleichzeitig signalisieren die vorgestreckten Hände eine Abweisung, den Wunsch, Distanz zu wahren. Diese Defensivhaltung spricht eine klare Sprache: Der Rückzug des Körpers verbunden mit dem gleichzeitigen Vorstoßen der Hände zeigt, wie verängstigt – aber gleichzeitig auch aggressiv – der Betroffene ist. Oft genug entsteht auch eine gewisse Gereiztheit, die sagen will: »Was weiß denn ich, was geht das mich an, kümmert euch doch bitte selbst darum ...«

Die Nähe zwischen Angst und Aggression wurde schon im theoretischen Teil zu diesem Kapitel belegt. Ein gewisses Maß an Angst ist unbedingt notwendig, um bei bedrohlichen Situationen richtig und überlegt zu reagieren. Auch kann die erlebte Angst ein geeignetes Mittel sein, um vom tatsächlichen Ausagieren vehementer, unbewusster und sehr aggressiver Wünsche abzuhalten; Wünsche, die in unserer Gesellschaft verpönt sind. Daher sollte man Menschen, die diese Geste in einem Gespräch oder einer Diskussion öfters einsetzen, nicht noch weiter unter Druck bringen. Denn die versteckte Aggression und Wut, die sich dahinter verbirgt, kann plötzlich ausbrechen – oder aber der Betroffene zieht sich verängstigt vollends aus dem Geschehen zurück. In beiden Fällen hat keiner der Beteiligten etwas gewonnen.

Tipp: *Diese Geste ist immer auch ein Hilfeschrei. Versuchen Sie daher zur Klärung der Situation beizutragen, denn sollte sich der Grund der Ratlosigkeit nicht aufklären, können im schlimmsten Fall aggressive Verhaltensweisen folgen.*

Achtung, bissig!

Genau genommen kann man beim Nägelbeißen nicht nur von einer Geste sprechen, sondern von einem neurotischen Symptom. Diese nervöse Verhaltensweise ist derart weit verbreitet, dass sich allein deswegen eine nähere Betrachtung lohnt.

Durch das Nägelbeißen wird versucht, einer Beunruhigung beizukommen; Stress, Angst und hohe Anspannung lassen viele Menschen ihre Nägel und Nagelhaut oft so lange abkauen, bis schmerzhafte Veränderungen und Entzündungen entstehen.

Psychoanalytisch gesehen bedeutet das Nägelbeißen einen versuchten Rückzug in die Zeit der oralen Phase. In dieser ersten Stufe unserer Libidoentwicklung werden Spannungen, die häufig durch Hunger ausgelöst werden, über das Saugen und Nuckeln an der Mutterbrust oder auch an diversen Gegenständen besänftigt.

Die Liebesbeziehung zur Mutter ist in dieser Zeit in hohem Ausmaß von den Bedürfnissen »Essen« und allgemein »Einverleiben« gekennzeichnet. Zwei Mechanismen werden dabei nacheinander wirksam: zuerst das Saugen, dann – mit dem Wachsen der Zähne – das Beißen. Das Beißen hat in der Psychoanalyse einen bedeutenden Stellenwert. Es hat »kannibalistische« Züge und schließt letztlich die Zerstörung des Objekts ein. Es geht natürlich einerseits um Nahrungsaufnahme, aber in der Phantasie des Kindes werden auch menschliche Objekte verschlungen, da der Vorgang des Essens und Verschlingens starke entsprechende Assoziationen auslöst.

Beim Nägelbeißen wird dieser Vorgang deutlich: Die erlebte Frustration oder Spannung kann nicht in geeigneter Form abgebaut werden und richtet sich gegen die eigene Person. Zerstörungswut wird in Form von Kauen und Beißen abgebaut. Man will – symbolisch gesprochen – sich selber von der Bildfläche verschwinden lassen und dem Druck ausweichen. Natürlich liegt die Ursache dieser Geste nahe bei der Aggression, doch vertreten wir die Ansicht, dass der auslösende Faktor die Angst ist, die sich erst in weiterer Folge zur Aggression ausformt.

Tipp: *Sollten Sie häufig Nägel beißen, folgender Ratschlag: Beobachten Sie sich selbst genau und versuchen Sie sich einzuprägen, in welchen Situationen Sie zu dieser Handlung neigen. Sollte ein bestimmtes Muster deutlich werden, besprechen Sie mit Freunden oder einem Therapeuten, woher Ihr Unbehagen kommt.*

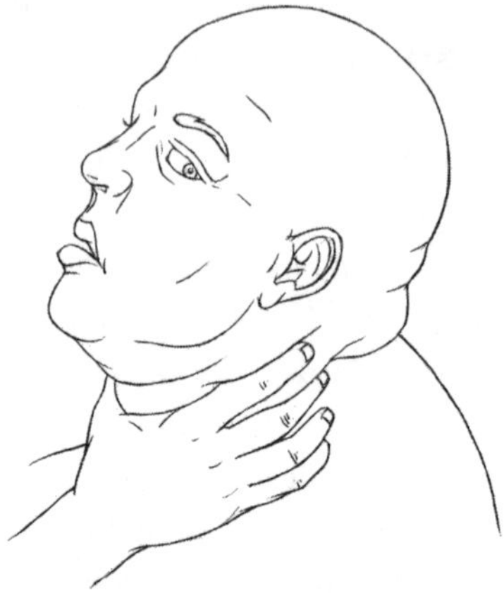

Was tun?

Die Kehle ist eine der empfindlichsten und verletzlichsten Stellen des menschlichen Körpers. Boxer lernen beispielsweise schon in den ersten Trainingsstunden, das Kinn immer zur Brust zu richten, damit kein Schlag den Kehlkopf treffen kann; so ein Schlag kann unter Umständen tödlich sein. Viele Tiere gehen bei Kämpfen zuerst an die Kehle des Gegners, um an die Halsschlagader zu gelangen. Auch wenn wir das heute kaum glauben können – auch unsere Urahnen sind mit ziemlicher Sicherheit einander an den Hals gegangen, um Kämpfe für sich entscheiden zu können.

Treten nun Situationen ein, bei denen ein Angriff zu erwarten ist, erfolgt oft unwillkürlich der Griff an den Hals. Hier ist natürlich nicht nur die Rede von körperlichen Angriffen, sondern auch von verbalen Schlägen, die verteilt werden. Nur ein Beispiel: Sie sprechen mit einem Vorgesetzten über ein neues Projekt und ernten trotz guter Ideen nur Kritik. Plötzlich rutscht Ihnen ein sehr frecher Satz heraus, der eine sofortige, ausgiebige Kritik zur Folge hat. Sie sind ratlos, verlegen und suchen Schutz hinter der eigenen Hand, die nun Ihre sensibelste Stelle - den Hals - bedeckt. Die Geste zeigt also den Versuch der Abwehr an. Der Handrücken, der für das Gegenüber sichtbar ist, soll wie ein Schutzschild vor Unannehmlichkeiten bewahren helfen.

Auch wenn die Geste vor allem Angst anzeigt, bedeutet das Fassen an die Kehle aber ebenso ein Ausholen zum Zurückschlagen, wenn man allzu heftig unter Druck gesetzt wird. Solche Situationen entstehen immer wieder, und bei vielen Menschen mit einem hohen Angstpotenzial ist dieses Handzeichen ein fixer Bestandteil ihres gestischen Vokabulars.

Es gibt noch andere Möglichkeiten der Auslegung, die erwähnenswert sind: So kann auch »Mir steht das Wasser bis zum Hals - ich habe genug von allem« damit bedeutet werden. Eine weitere Interpretation besagt, dass massiver Zweifel evident wird. Der Gestikulierende zeigt dann mit dem Griff an den Hals: »Ich traue den Worten nicht, die aus deinem Hals kommen ...« Aber auch hier ist Angst der Hintergrund der Geste: die Angst nämlich, betrogen zu werden.

Tipp: *Versuchen Sie diese Geste so selten wie möglich zu zeigen. Sie signalisiert für jeden eindeutig Unbehagen, Verlegenheit und Unsicherheit.*

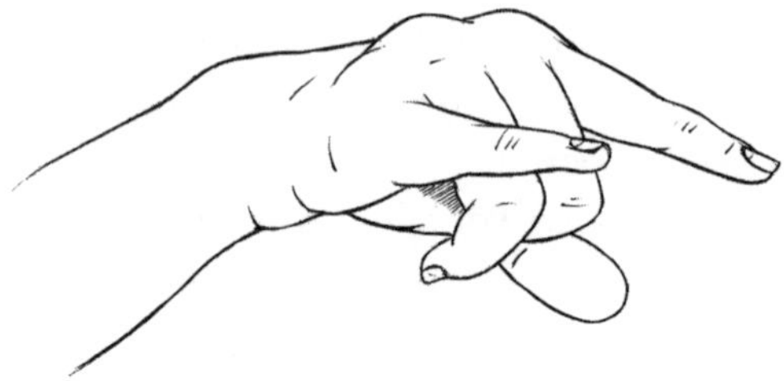

Schutz vor dem bösen Blick

Im europäischen Mittelalter war der Glaube an die Existenz von Hexen weit verbreitet und beinahe unumstritten. Diese vom »Teufel besessenen« Wesen – praktisch immer Frauen – waren angebliche Dienerinnen des Bösen und bekamen für ihre »Kooperation« einzigartige Fähigkeiten verliehen. Man hielt sie für fähig, Liebe herbeizuführen, Männer impotent zu machen und Ernten zu zerstören. Aber noch eine andere besondere Fähigkeit wurde ihnen unterstellt – die des bösen Blicks. Besagter Blick konnte Menschen, so glaubte man, verzaubern, ihnen Schaden zufügen, sie sogar töten. Und davor hatten die Menschen zu dieser Zeit große Angst.

Die zwei hervorstechenden Finger bei dieser Geste weisen vordergründig darauf hin, dass die Augen der mächtigen Hexe ausgestochen werden sollten. Es geht aber auch um etwas anderes: Die Geste muss – historisch betrachtet – im Zusammenhang mit allmächtigen, gehörnten Gottheiten gesehen werden; diese wurden mit dem Zeigen der Hörner

»wachgerufen« und sollten den bösen Blick bekämpfen. Die Hand symbolisiert einen schützenden Bullen, der für Kraft und Widerstand steht wie kaum ein anderes Tier. Diese gehörnten antiken Gottheiten (Zeus selbst verwandelte sich in einen Stier, als er die Königstochter Europa nach Kreta holte) fanden später ihre Fortsetzung in der Gestalt des Teufels.

Gerade der Teufel wurde oft als Mischwesen beschrieben: In der Regel wurde er als halb menschliches, halb tierisches Wesen mit Hörnern und langem Schwanz dargestellt – eine Mischung, die sich aus vielen Gottheiten der Antike zusammensetzte und mit dem Aufkommen des Christentums in der Figur Satans eine Reinkarnation fand.

Die Menschen der damaligen Zeit riefen mit dieser Geste somit entweder direkt den ewigen Widersacher Gottes an oder aber heidnische Gottheiten, die vom Christentum streng verpönt waren.

Doch sind diese Hintergründe heute längst verblasst, und wir klopfen lieber auf Holz oder sagen »Hals- und Beinbruch«, um uns vor drohendem Unheil zu schützen.

Tipp: *Sollten Sie tatsächlich annehmen, diese Geste zu brauchen, weil Sie von bösen Hexen verfolgt werden, kann Ihnen selbst der beste Tipp nur wenig helfen.*

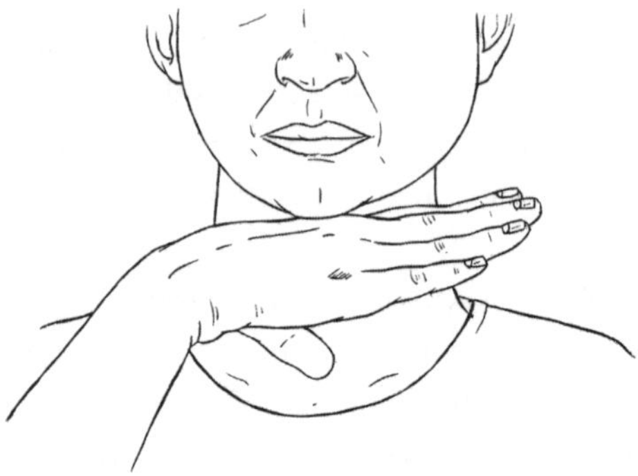

Mir reicht es

Im Unterschied zum »Griff an den Hals«, der in diesem Kapitel schon besprochen wurde, signalisiert diese Geste vor allem Verzweiflung und Überforderung. Um damit verbundene Gefühle darzustellen, zeigt man am eigenen Hals eine sensible Grenze an, die aus der Sicht des Betroffenen bald erreicht ist oder schon überschritten wurde. Diese Grenzlinie steht stellvertretend für das Höchstmaß an Frust und Niederlage, das der Betroffene aushalten kann. Sieht er oder sie keinen Ausweg mehr, dann wird bedeutet: »Mir reicht es, ich kann nicht mehr, ich ertrinke ...« Diese Geste ist daher ein deutlicher Hilfeschrei: Die Hand steht für den zu hohen »Wasserspiegel«, für das Meer an Verzweiflung, in dem man in einer ungünstigen und ausweglosen Lage zu ertrinken droht.

Ertrinken bedeutet letztlich ersticken. Das Wasser steht dabei für die Flut an Anforderungen und Aufgaben, die einen überfordern und buchstäblich die Kehle versperren: Einerseits können wir all das, was »in uns arbeitet« und uns belastet, nicht herauslassen. Andererseits zeigt sich auch eine Störung der Verbindung zwischen Denken (Kopf) und Fühlen (Körper) an. Diese Unterbrechung bewirkt, dass wir uns verkrampfen, sie hemmt unser Denken und führt nicht selten – wenn das Gefühl lange anhält – zu starken Verspannungen und Depressionen.

Schon im Theoriekapitel wurde darauf eingegangen, wie sehr die Gefühle der Angst zu Zuständen der Beengtheit und Beklemmung führen. Angst kommt ja, wie erwähnt, von »angustus« und bedeutet so viel wie Enge.

Auch bei dieser Geste fühlt sich der Ausführende in die Enge getrieben; beispielsweise im Berufsalltag zeigen Angestellte oft genug ihren Kollegen mit dieser Geste an, dass sie in Arbeit ersticken und es ihnen reicht. Hier werden sich jedoch in vielen Fällen Lösungen finden.

Bei krassen Störungen in Beziehungen wird es für die Betroffenen oft schwieriger. Hier sollten alle Alarmglocken läuten, wenn ein Partner den anderen häufig mit dieser Geste konfrontiert ...

Tipp: *Wenn Ihnen jemand nahe steht und diese Geste zeigt, sollten Sie das nicht auf die leichte Schulter nehmen. Oft genug wird sie zwar nur »im Spaß« gezeigt, aber dahinter verbirgt sich meist das intensiv verspürte Gefühl der Überforderung und vielleicht eine angehende Depression.*

Vielleicht ja, vielleicht nein – Scham, Zweifel, Nachdenklichkeit

In der Parabel des Sündenfalls steht der Baum des Lebens dem Baum der Erkenntnis des »Guten und Bösen« gegenüber, von dem man nicht essen darf. Der Tod wäre die Strafe. Demnach muss man sich den Menschen ursprünglich als unsterbliches Wesen denken. Indem Gott dem Menschen freistellte, die Grenze zu akzeptieren oder zu übertreten, hat er ihm gleichzeitig das Geschenk der Freiheit gemacht. Gott ließ den Menschen wählen. Eben diese Freiheit macht den Menschen zu einem Ebenbild Gottes. Deshalb sagt auch Gott nach dem Sündenfall zu Adam: »Siehe, Adam ist geworden wie unsereiner.«

Was aber war so »böse« an diesem Erkenntnisbaum, dass er von Gott mit einem solchen Tabu belegt wurde? Zwischen Gut und Böse zu unterscheiden kann doch nicht so falsch sein, wenn Gott diese Unterscheidung selbst zugelassen hat. Ist hier also das Gesetz wegen der Sünde entstanden oder die Sünde wegen des Gesetzes?

Augustinus und der Sündenfall

Der eigentliche Sündenfall, den Adam und Eva mit dem verbotenen Genuss der Früchte begingen, wurde in der Bibel mit den Worten beschrieben: »Und sie erkannten, dass sie nackt waren.« Wir sehen hier einen deutlichen Hinweis auf das religiöse Dogma, dass Sexualität und Sünde in enger Beziehung zueinander stehen.

Adam und Eva erlebten daher ihren ersten Akt des Erkennens reumütig als das Gefühl der geschlechtlichen Scham, das sich nach dem Genuss der verbotenen Früchte einstellte.

Bei keinem anderen Philosophen der Antike ist das Thema der Scham und des Schwankens zwischen Gut und Böse, zwischen der Welt des Triebes und der des Geistes, so sehr im Zentrum des Denkens gestanden wie bei Augustinus. Er griff den Konflikt des Sündenfalls auf und führte ihn auf eigenwillige Art gedanklich zu Ende.

Augustinus liebte, besonders in jungen Jahren, das pralle, sinnliche Leben und die körperlichen Begierden maßlos, wurde aber nach und nach bekehrt, was schließlich zu einer strikten Ablehnung alles Weltlichen führte. Frei nach Platon, der die sittlichen Ausschweifungen seiner Zeit scharf kritisierte, könnte man deuten: Es waren die »losgelassenen körperlichen Begierden«, die triebhafte Natur des Aurelius, die die frühen Erfahrungen ermöglichten. Augustinus wurde aber von früh an vom Gefühl der geschlechtlichen Scham gequält. In seinen »Bekenntnissen« erzählt er beispielsweise von einer Erektion, die sein Vater sah, um dann seiner Mutter sogleich mitzuteilen, dass der noch junge Aurelius nun bestimmt schon bald für Nachwuchs sorgen werde. Dies hat den Knaben, der diese Worte zufällig mit anhörte, nachhaltig beschämt.

Vielleicht auch wegen dieser für ihn so beschämenden Eindrücke entwickelte Augustinus in späteren Jahren eine vehemente und unnachgiebig harte Einstellung gegenüber sexuellen Regungen. Alle Menschen, war sich Augustinus sicher, sind mit der Erbsünde beladen und deshalb lebenslange Sünder, die sich ihrer Sexualität und der damit verbundenen Wünsche wegen schämen sollten.

Es wäre gar nicht notwendig, so ausführlich auf diesen kirchlichen Philosophen hinzuweisen, wenn nicht seine Gedanken bis heute tiefe Spuren hinterlassen hätten. Denn Aurelius Augustinus war wohl der bedeutendste der vier Kirchenlehrer, und seine Schriften wurden im Mittelalter und auch noch in der Neuzeit als unumstrittenes kirchliches Gesetz angesehen.

In diesem Zusammenhang ist es aber auch spannend, Augustinus' Geschichtsauffassung zu erwähnen: Denn er war davon überzeugt, dass es zwei miteinander rivalisierende Prinzipien gibt, die miteinander über alle Epochen hinweg um die Vormachtstellung auf der Welt kämpfen. Auf der einen Seite die körperliche, »schmutzige« und sinnliche Welt, auf der anderen die transzendentale, geistige, immaterielle und göttliche Welt.

Scham und Zweifel im zwanzigsten Jahrhundert

Die moderne Soziologie beschreibt Scham als Resultat eines Angst auslösenden Prozesses, bei dem der Betroffene erkennt, eine wesentliche moralische Instanz missachtet zu haben. Jeder kennt das unangenehme Gefühl, in peinlichen Situationen zu erröten und damit der Umwelt unwillkürlich das intime Gefühlsleben zeigen zu müssen. Das Erröten entsteht durch plötzlich verstärkten Blutandrang in den dicht unter der Haut gelegenen Kapillaren, die durch plötzliche geistige oder seelische Anspannung derart erweitert werden, dass vermehrt Blut durch die Adern pulsiert.

Scham gibt und gab es in allen Kulturen zu jeder Zeit. Gerade im zwanzigsten Jahrhundert, insbesondere seit den siebziger Jahren, veränderte sich die Einstellung gegenüber den moralischen Gesetzen. Spätestens mit den Miniröcken in den frühen siebziger Jahren rückte die Sexualität und deren Thematisierung ins Zentrum des öffentlich diskutierbaren Interesses. Die rasche und nahezu flächendeckende Ausbreitung des Fernsehens und die damit verbundene exhibitionistische Lust am anonymen Betrachten von bis dato »verbotenen« Inhalten hat althergebrachte Konventionen innerhalb weniger Jahre vom Tisch gefegt.

Gerade aber weil es offenbar in der westlichen Gesellschaft notwendig geworden ist, Sexualität während pseudo-entspannter Talk-Shows zu thematisieren, hat sie den Beigeschmack des Verbotenen, sogar ein wenig »Schmutzigen« behalten.

Der französische Soziologie und Philosoph Jean Baudrillard hat diesen Gedankengang in seinem Buch »Von der Verführung« verdeutlicht. Er meint, dass Sex heute überall zu finden ist, ausgenommen dort, wo er hingehört, nämlich in der Sexualität. Wir bewegen uns in einer Gesellschaft, die durch das ständige mediale Überangebot das Verführen und Begehren verlernt hat.

Ich zweifle, also bin ich!

Zweifel und Scham sind enge Verwandte. Der Skeptiker zweifelt. Die Folge von einander widersprechenden Überlegungen können immer wieder von Scham geprägte Einsichten sein. Denn auf Grund dieser überkritischen Denkweise glaubt man schnell, andere Menschen verletzt oder sich selbst lächerlich gemacht zu haben.

Ein anderer Zweifel hingegen, der keine Scham zur Folge hat, ist der philosophische Zweifel. Er rückt die Überprüfung von Aussagen, Urteilen und Überzeugungen ins Zentrum des Interesses. Augustinus sah das exakte, kritische Überprüfen von Aussagen als Voraussetzung an, um zur Wahrheit zu gelangen.

Der Zweifel ist neben der Fähigkeit des Staunens und des Wissens um den eigenen Tod eine der Triebfedern für den Akt des Philosophierens. Die Erfahrung des Zweifels war für einen Philosophen des siebzehnten Jahrhunderts ein zentrales Thema: René Descartes gelangte über die eindringliche Erfahrung des Zweifels zu interessanten Einsichten. In seinem »Discours de la méthode« beschreibt er die Entstehung eines der berühmtesten Sätze der Philosophie: »dubito, ergo sum«, zu deutsch »Ich zweifle, also bin ich«. Zu dieser Erkenntnis gelangte Descartes auf seiner Suche nach Gewissheit, die er letztlich nirgendwo entdecken konnte. Die Frage, inwieweit unsere Wahrnehmung und unsere Reflexionen zur Wahrheitsfindung taugen, beschäftigte ihn zeit seines Lebens. Sinnesempfindungen können eben genauso täuschen wie Gesetze, die von Menschen aufgestellt wurden. Sein Satz »Ich zweifle, also bin ich« gesteht ein, dass der Mensch sich irren und täuschen kann. Doch ist es gerade dieser Zweifel, der Descartes die Sicherheit gibt, dass Existenz vorhanden und begründet sein muss. Nur dieses eine ist gewiss auf der Welt: die Tatsache unserer Existenz, solange wir über sie nachdenken können.

Nachdenken über das Nachdenken

Die Verwandtschaft des Nachdenkens mit dem Zweifel, aber auch mit der Scham ist offensichtlich: Wer zweifelt, versucht durch konzentriertes Nachdenken zu einer Lösung zu gelangen. Und wer sich häufig oder intensiv schämt, findet sich rasch in einer Sinnkrise wieder, die ein oft schwer zu überwindendes Grübeln zur Folge hat.

Philosophie kommt ursprünglich von »philos« und »sophia«, was so viel bedeutet wie »Liebe zur Weisheit«. Sie hat es sich zur Aufgabe gemacht, über all das nachzudenken, was bei den wissenschaftlichen Einzeldisziplinen nicht oder nur wenig Beachtung findet. Überspitzt könnte man sogar sagen, dass die Philosophie die einzige Wissenschaft ist, deren Aufgabe es unter anderem ist, sich selbst kontinuierlich zu hinterfragen und über die eigenen Aufgaben nachzudenken.

Kant spricht von zwei wesentlichen Formen der Philosophie: Dem »Schulbegriff« auf der einen Seite und dem »Weltbegriff« auf der anderen Seite. Ersterer umschreibt all den Stoff, den wir uns durch Lesen und Lernen aneignen können. Zweiterer hingegen definiert die Philosophie als diejenige Wissenschaft, die über die letzten Zwecke der menschlichen Vernunft und Existenz reflektiert. Kant kommt schlussendlich zu vier wesentlichen Grundfragen der menschlichen Existenz, die unser Erkenntnisvermögen ein Leben lang beschäftigen.

Seine erste Frage lautet: »Was kann ich wissen? Welche Grenzen sind mir auferlegt, welche Quellen des Wissens liegen vor mir?« Seine zweite Frage ist ethischer Natur: »Was soll ich tun? Wie ist der Mensch als handelndes Wesen zu beurteilen, welche Motive bewegen ihn?« Drittens fragt Kant nach den Wünschen und Hoffnungen des Menschen. Jeder kommt früher oder später an den Punkt, wo er sich die Frage nach einer Dimension stellt, die rational nicht mehr greifbar ist. Fragen nach der Unsterblichkeit der Seele, nach Gott, nach einer Gerechtigkeit im oder nach dem Leben beschäftigen jeden Menschen. Doch letztlich können wir mit Kants vierter Frage ein Hauptkapitel des Nachdenkens eröffnen, wenn er uns mit »Was ist der Mensch?« vor ein schier unlösbares Problem stellt.

Wir alle, die wir Antworten auf diese spannende Frage suchen, können aus dem großen Spektrum der Psyche nur einen Bruchteil betrachten, um uns einer Klarheit zu nähern.

Eine Möglichkeit des Zugangs zur Psyche liegt in der genaueren Betrachtung der Gestik, deren Variantenreichtum Aufschluss über die Gefühle der Menschen geben kann und bisher in der Philosophie viel weniger Beachtung fand als die verbale Sprache.

Um so mehr soll darauf hingewiesen werden, dass die Gestik verräterischer ist als geschliffene Sätze: Mit Worten lügt man leicht, mit den Händen ist dieses Unterfangen jedoch ungleich schwieriger.

Rosa und der Fisch

Die ungewöhnlich aufrechte Haltung, das klare Profil, die semmelblonden, kurz geschorenen Haare, er musste es sein. Wie lange hatte ich Bob nicht gesehen, zwanzig Jahre? Ich ging auf ihn zu. Er saß an der Bar des Wiener Hotels Intercontinental, in das ich vor knapp einer Stunde eingecheckt hatte.

Bob erkannte mich erst aufs zweite Hinsehen. Sicherlich, ich hatte mich verändert, ein paar Kilo mehr, ein paar Haare weniger, aber sonst fühlte ich mich wie damals, als wir zusammen studiert hatten. Ich erinnerte mich an das kolossale Besäufnis, nachdem wir erfahren hatten, die Aufnahmeprüfung an der Hochschule für angewandte Kunst bestanden zu haben. Wir sahen uns bereits als berühmte Designer, und die Rosinen in unseren Köpfen waren größer als Wagenräder. Ich war nach vier Semestern abgesprungen, hatte mich auf Werbegrafik verlegt und besaß mittlerweile die Hälfte einer kleinen Agentur in Rom. Bob war sehr talentiert gewesen, aber in den alltäglichen Bereichen immer ein bisschen hintennach. Er trug türkis-karierte Hemden zu orangefarbenen Jeans, duschte selten und kämmte sich nie. Schüchtern, aber starrköpfig verfolgte er seine Ziele, die für die meisten Studenten und Professoren nicht klar zu verstehen waren. Er liebte die verspielte Ästhetik der 50er-Jahre und verachtete neumodische Strömungen. Stundenlang saß er an Bausätzen für Flugzeugmodelle aus dem Ersten Weltkrieg, während wir anderen futuristische Brillenfassungen oder weitläufige, unbezahlbare Glas-Chrom-Terrassen entwarfen. Er hasste Massenveranstaltungen und Sport, behielt aber seine schlanke, anmutige Gestalt. Und mit Mädchen wusste er, soweit ich mich erinnern kann, überhaupt nichts anzufangen. Er tappte auch nicht ans andere Ufer. Manchmal dachte ich, er wäre vollkommen asexuell und zufrieden damit. Ob er noch immer bei seiner Mutter wohnte? Ich hielt es durchaus für möglich, es wäre typisch für Bob gewesen.

Nun winkte er mir zu, er sah erstaunlich jung aus. Und besser als früher, muskulöser und mit einem wachen Zug um die Augen. Starke Emotionen zu zeigen war nie unsere Art gewesen, und so schüttelten wir einander auch jetzt nur fest die Hände.

»Was machst du hier«, zwinkerte ich ihm zu, »einsamer Wolf spielen in einer schummrigen Hotelbar?«

»Ich bin hier geboren.« Bob grinste.

»In der Bar?«

»In der Stadt. Aber was treibt dich nach Wien? Wir haben uns ewig nicht gesehen. Du siehst prächtig aus – stattlich wie immer.«

Wir scherzten ein bisschen herum, bis Bob mich zum Abendessen einlud. Ich hielt mich zurück, ihn zu fragen, ob Mama kochen würde. Außerdem schien er mir nicht mehr der schrullige Student von damals zu sein. Die feinen Leinenhosen fielen tadellos, desgleichen der ultramarinblaue Blazer. Seine Kleidung roch nach Geld.

»Ich bereite dir einen Risotto, den du dein Leben lang nicht mehr vergessen wirst, okay?« lockte Bob.

»Ich will dich aber wirklich nicht stören oder deine Familie.«

»Ich bin allein.«

Nachdem wir mit ein paar Martinis auf unser Wiedersehen angestoßen hatten, verließen wir die Bar und fuhren mit dem Taxi Richtung Alsergrund. Dort bewohnte Bob eine großzügig angelegte Altbauwohnung. Er knipste die Lichter an und meinte, ich könne mich ja mal umsehen, er müsse sich jetzt dem Risotto widmen. Auf meinen Einwand, elf Uhr abends wäre ein wenig spät für derartige Kochereien meinte er: »Papperlapapp! Um Mitternacht steht der Topf auf dem Tisch. Die beste Art, einen Tag zu beenden.«

Ich fügte mich und schlenderte in der Wohnung auf und ab. Die Wände waren in einem beinahe bläulichen Weiß gestrichen, das Parkett glänzte wie ein Eislaufplatz. Auch im Badezimmer penible Sauberkeit, kein Wasserfleck auf den Armaturen. Im Zahnputzbecher lehnte eine Zahnbürste, daneben eine Rolle Zahnseide,

Rasierzeug, ein Fläschchen teures Eau de Cologne. Keinerlei Spuren weiblicher Anwesenheit. Auf einer schmalen Konsole lagen ein paar Hefte zum Thema Literatur, daneben ein eindrucksvoll großer, quaderförmiger Quarzblock. Illustrer Briefbeschwerer, fand ich, drehte ihn in den Händen hin und her und hielt ihn gegen das Licht. Ein Fisch war darin eingeschlossen. Soweit ich abschätzen konnte, war dies der einzige leicht kitschig angehauchte Nippes-Gegenstand in Bobs Wohnung.

»Da musst du rühren bis die Schwarten krachen, da hilft gar nichts«, rief er gerade aus der Küche, »ah, da bist du ja. Gefällt dir die Wohnung?« Ohne meine Antwort abzuwarten, schwatzte er weiter: »Carnaroli musst du nehmen. Kein anderer Reis bekommt diese geschmeidige Konsistenz.« Er goss einen Schöpfer Rindsuppe in den Reistopf und verrührte ihn zügig mit einem großen Kochlöffel.

Ich nahm in einem der weißen Stahlschwinger, die um den gläsernen Esstisch gruppiert waren, Platz und ließ mir den Magen von einem Schluck Fernet wärmen.

»Mein lieber Freund«, sagte ich behutsam, »ich hoffe, du weißt, was du tust. Mit dem Risotto, meine ich. Du musst wissen, ich wohne seit über zehn Jahren in Rom.«

»Rom!« rief Bob und breitete die Hände aus. »Was für eine vernünftige Entscheidung. Hast du dort diese Agentur, von der du mir im Hotel erzählt hast?«

»Ja, und was ist mit dir? Was machst du?«

»Tja«, sagte er und wischte sich die Hände an einem Geschirrtuch ab, »mit aufregenden Designer-Geschichten war hier in Wien nicht viel zu machen. Außer du heulst mit den Wölfen und bewegst dich in den Cliquen, die hier das Sagen haben. Mir war das zu blöd, und ich hab nach der Promotion ein paar Kinderbücher illustriert und ähnliche Dinge. Sprang nicht viel dabei raus. Derzeit arbeite ich für einen französischen Verlag an pornographischen Comics für Erwachsene. Ich hoffe, das haut dich nicht vom Hocker.«

»Witzig. Stehen dir da feine Miezen Modell?«

»Wenn mir die Inspiration ausgeht, was selten vorkommt, dreh ich einfach den Fernseher auf – Baywatch. Das reicht mir. Ich zeige dir nach dem Essen mein Atelier, es liegt im oberen Stock.«

»Du scheinst nicht schlecht dabei zu verdienen.«

»Naja, ich hab geerbt. Eigentlich müsste ich gar nicht arbeiten, um über die Runden zu kommen, aber es macht mehr Spaß so.«

»Bedauernswertes Schicksal.« Ich entkorkte die Flasche Rotwein, die auf dem Tisch stand, um dem Wein ein bisschen Luft zu gönnen. Da Bob bereits gedeckt hatte, blieb mir nichts mehr zu tun, und ich spielte weiter mit dem Briefbeschwerer. Eine Angewohnheit, die meine Frau zum Wahnsinn treibt. Sie beklagt sich, dass meine Hände immer mit etwas spielen müssen, seien es Streichhölzer, Servietten oder Bierdeckel.

»So«, grunzte Bob befriedigt, richtete den Risotto auf den Tellern an und hobelte Parmesan drüber. Als er den Topf zurück auf den Herd stellte und er sich zu mir umwandte, fiel sein Blick auf den Briefbeschwerer, und er stockte kurz.

»Da«, lachte ich und warf ihm das Ding zu. Es segelte in einer langen, gebogenen Bahn in seine Richtung. Bob riss entsetzt die Augen auf, verzog den Mund zu einem stummen Schrei und stand wie angewurzelt. Die sorgsam manikürten Fingernägel gruben sich in seine Handballen, und ich begriff plötzlich, dass er den schimmernden Ziegel nicht mehr auffangen würde.

»Bob«, schrie ich. Zu spät. Der Briefbeschwerer landete mit einem lauten Knall auf dem Marmorfußboden und zersprang in tausend kleine Stücke. Die Harzteilchen bedeckten den Boden gleich Hagelkörnchen. Zum Teil steckten sie im Bauch des Fisches als wären es kleine, durchsichtige Schuppen.

Bob rührte sich nicht. Er war kreidebleich. Fassungslos stierte er auf den zerbrochenen Gegenstand. Seine Finger zitterten leicht. Dann schlug er die Hände vors Gesicht, als könne er durch diese Geste die Wirklichkeit ausblenden. Eine Geste, die mir eigent-

lich nur aus melodramatischen, amerikanischen Filmen geläufig war.

Mir war seltsam unbehaglich. Eine unheimliche Atmosphäre breitete sich aus, die ich mir nicht erklären konnte. Ich sprang auf, fragte nach Besen und Schaufel und versprach den Briefbeschwerer nicht nur zu ersetzen, sondern ihm aus Rom einen neuen zu schicken, der alle anderen, die er jemals gesehen hatte, in den Schatten stellen würde. Aber Bob war nicht böse oder zornig. Er schien, als hätte er eben die Nachricht seines eigenen Todes erhalten. Halt suchend griff seine Hand nach dem Herd. Ich packte ihn bei der Schulter, er glitt mir fast auf den harten Boden, hätte ich ihn nicht mit der anderen Hand um die Taille gefasst.

»Jetzt mach' keinen Unsinn, Bob«, stützend begleitete ich ihn in den Salon, wo er sich immer noch zitternd auf ein schwarzes Leder-Kanapee legte. Er lockerte seine Krawatte und rang nach Luft.

»Ich ruf' einen Arzt«, sagte ich.

»Nein«, stöhnte Bob, »kein Arzt.«

Das Zittern hatte aufgehört. Er lag schwer atmend da, Schweißperlen standen an seinen Schläfen.

»Da kann kein Arzt helfen«, ächzte er, »außer einem – ha – Irrenarzt.« Er begann zu grinsen, zu kichern und glucksen, was in einen hysterischen Lachanfall mündete. Als er sich einigermaßen gefangen hatte, rannen Tränen über seine Wangen. Er sah mich mit solch tiefer Verzweiflung an, dass ich ihn umarmte und an mich drückte.

»Bob, altes Haus, was ist denn geschehen? Bist du krank?« Sein Schluchzen verebbte langsam, ein Schaudern lief alle paar Minuten durch seinen Körper. Lange, sehr lange saß ich so, den Freund in den Armen wiegend und seine Hand haltend. Ich versuchte Nadeleinstiche an seinen Ellbeugen zu finden, vielleicht war er irgendwelchen Drogen anheimgefallen. Doch seine Haut war unversehrt.

Es muss so gegen fünf Uhr früh gewesen sein, als Bob nach einem kurzen, unruhigen Schlummer erwachte und nach einem Glas Wasser verlangte. Ich stellte zwei Cognac-Schwenker und eine Flasche Henessy zusätzlich auf das Tablett und balancierte es durch die Türen bis zu einem Beistell-Tischchen neben dem Kanapee. Das Licht brannte noch und kämpfte nun gegen die heranziehende Morgendämmerung an. Bob hatte sich halb aufgesetzt und lehnte mit dem Rücken an der Wand. Er öffnete eine Holzschachtel und fingerte eine Zigarette hervor. Die Solarium-Bräune konnte seine jetzige Blässe und die tiefen Augenringe nicht mehr verbergen. Er sah seltsam apathisch drein und sagte: »Soll ich dir etwas erzählen, eine Geschichte, die vor bald zwanzig Jahren passiert ist und die ich, trotzdem ich mir alle Mühe gab sie zu vergessen, scheinbar nie überwunden habe?«

»Vielleicht solltest du besser noch etwas schlafen«, wandte ich ein.

»Ich würde sie gerne erzählen, gerade dir. Du fährst in zwei Tagen wieder nach Rom, und ich weiß, wie verschwiegen du bist. Außerdem hast du sie gekannt.«

»Wen?«

Bob zögerte kurz: »Rosa.«

Versonnen wärmte ich meinen Cognac in dem bauchigen Glas. Die Flüssigkeit glänzte golden. Natürlich erinnerte ich mich an Rosa. Ein Name, der zu ihr passte. Sie war in unserer Designklasse und übte sich darin so auszusehen, als würde sie ernsthaft studieren, was ihr niemals gelang. Hätte sie nicht dieses seltene Charisma gehabt, wäre sie als normale Studentenschlampe von Hand zu Hand gegangen. So aber schwebte sie über den Dingen.

Niemals würde ich meine erste Begegnung mit ihr vergessen. Wir hatten ein Seminar über Kaminbau. Rosa wirbelte – zehn Minuten zu spät – bei der Hörsaaltür herein. Der Saum ihres dunkelroten Seidenrocks umspielte ihre langen, schlanken Beine. Die gelockte, blauschwarze Mähne umrahmte das elfenhafte, extrem weiße Gesicht. Hohe Backenknochen, dicke, schwarze Augenbrauen und schräg stehende violette Katzenaugen – sogar der Professor hielt kurz den Atem an. Sie warf ihren Skizzenblock auf den Tisch, setzte sich neben mich und genoss den Augenblick der Stille, den ihr Auftritt provoziert hatte. Zugegeben, ich hatte mich wie alle anderen Hals über Kopf in sie verschossen, aber sie litt an einer Art Gebrechen, das mir ein Rendezvous von über fünf Minuten mit ihr unerträglich machte. Die meisten anderen gingen darüber hinweg und brieten, was das Zeug hielt. Und hatten Erfolg.

Doch bereits nach kurzer Zeit gab ihr jeder den Laufpass – es war einfach zu enervierend. Dieses ätherische Wesen mit jenem Sex-Appeal, den man sonst nur aus wüsten Phantasien kannte, war mit Stimmbändern gestraft, die aus einer anderen Galaxis zu stammen schienen. Jede Äußerung, jeder auch noch so kurze Satz kam in einer kreischend hohen Stimmlage, dass es einem buchstäblich in den Ohren schmerzte. Es war nicht etwa ein hysterisch gepresstes Teenager-Stimmchen oder der kapriziöse Singsang einer Diva, es war ein ständig gleichbleibender, quälender Ton. Sie schien das zu wissen und sprach daher nur so viel wie unbedingt nötig. Was wohl aus ihr geworden war? Wahrscheinlich eine rundliche Hausfrau mit einem Stall voller Kinder. Bleibt zu hoffen, dass sich dieses Organ nicht weiter vererbte hatte.

Bob nahm einen kräftigen Schluck Cognac, seine Wangen nahmen wieder eine gesündere Färbung an. Er lehnte sich zurück und blickte aus dem Fenster. »Ich hatte damals keine Erfahrung mit Mädchen«, begann er, »und es sah mich auch keine richtig an. Ich war wie Luft für sie. Aber Rosa, für Rosa war ich vorhanden. Sie hat mich angelächelt, als wäre ich … na, eben ein richtiger Kerl, du verstehst? Sie hatte eine Menge Verabredungen damals, und ich glaubte fest, keine Chance gegen unsere feschen Draufgänger zu haben. Eines Tages kam sie auf mich zu und fragte mich geradeheraus, ob ich ihr an diesem Abend etwas kochen wolle. Un-

glaublich. Natürlich sagte ich sofort zu, beschwor meine Mutter, bei ihrer Schwester zu nächtigen und ließ mir detailliert erklären, wie man Fische brät. Meine Mutter hatte zwei schöne Goldbrassen vom Markt gebracht und drückte sie mir mit einem Augenzwinkern in die Hand. ›Das wird dem Mädel schmecken, und du wirst das prima hinkriegen, wenn du alles nach Plan machst, hm?‹, hatte sie verschwörerisch gesagt und mir das Koch-Procedere Punkt für Punkt auf einen Zettel geschrieben. Sie freute sich wohl, dass ich endlich Gefallen am anderen Geschlecht gefunden hätte. Wahrscheinlich fürchtete sie schon, ich wäre schwul, weil ich nie ein Mädchen mitheimbrachte.«

Bob war in den typischen Erzählton eines Mannes, der auf der Psychocouch lag, verfallen. Er wollte keine Fragen, keine Antworten. Eigentlich sprach er mehr zu sich selbst als zu mir. Erneut zündete er eine Zigarette an, sog den Rauch tief in die Lungen und sprach weiter: »Ich war ziemlich nervös an dem Abend. Die Fische lagen fertig mariniert im Kühlschrank. Mutter hatte mir das Gemüse bereits gekocht – es musste nur noch für zwei Minuten in die Mikrowelle. Sogar den Tisch hatte sie mit dem teuren Familiensilber gedeckt und eine Kerze in die Mitte gestellt. Am liebsten hätte ich mir noch rasch beide Ohren amputieren lassen. So nahm ich mit einer passablen Erfindung vorlieb: Ohropax. Ich hatte sie im Vorzimmer auf das Fensterbrett gelegt, schließlich wollte ich das Läuten nicht überhören. Als es dann schließlich klingelte, stopfte ich mir die Dinger in die Ohren und öffnete die Tür. Da stand sie, barfuß. Es war Juni, und wir hatten eine richtige Hitzewelle, vierzig Grad im Schatten, und sogar am Abend war es noch drückend schwül und heiß. Sie trug eine dunkelgrüne Bluse ohne BH und einen schwarzen, raffiniert gewickelten Rock. Ihre Finger- und Zehennägel waren ebenfalls schwarz lackiert.

Sie umarmte mich kurz, ich glaubte sofort ohnmächtig zu werden. Der Geruch ihrer Haut, vermischt mit einem schweren, süßen Parfüm, brachte mich fast um den Verstand. Erst als ich, durch die

Propfen in meinen Ohren zwar sehr gedämpft, ihre Stimme vernahm, kam ich wieder halbwegs zur Besinnung. Sie fragte, ob sie kurz duschen dürfte, sie würde vor Hitze umkommen.« Bob machte eine kurze Pause und lächelte: »Wie passend, dieser Satz.« Verwirrt, in der Gegenwart zu sein, starrte er mich kurz an, goss sich und mir einen Schluck Cognac nach und fuhr fort: »Nun, sie trippelte also ins Bad, lehnte die Tür bis auf einen Spalt an und drehte die Dusche auf. Ich schob das Gemüse in die Mikrowelle, hackte Petersilie, presste zwei Knoblauchzehen aus, zog die Fische aus der Marinade und legte sie auf ein Holzbrettchen neben die Pfanne. Ich erschrak, als sie mir von hinten auf die Schulter tippte. Natürlich hatte ich sie nicht kommen gehört. Und auch die Bitte nach einem Föhn erriet ich mehr, als dass ich sie verstand. Die nassen, glänzenden Locken hingen ihr über die blasse Haut und über das knappe Handtuch, das sie um ihren Busen geschlungen hatte.

Ich kramte den Föhn aus der Lade, und sie verschwand dankbar damit im Bad. In der Überzeugung, dass das Föhnen ihrer Schneewittchen-Mähne eine Zeit dauern würde, ging ich ins Speisezimmer und steckte mir eine Virginia an. Erinnerst du dich, wir rauchten damals alle Virginias und fanden das unheimlich verwegen. Mir haben die Dinger nie besonders geschmeckt, aber ich mochte die Textur der rauhen Tabakblätter, die schlanke Form. Ich sitze also so da und versuche mich an den Gedanken zu gewöhnen, dass Rosa nackt in meinem Badezimmer steht und ihre Haare föhnt. Mir ist heiß und gleichzeitig kalt, mein Magen benimmt sich eigenartig, also, sie war mein erstes Mädchen, weißt du. Und ich fand sie so wunderschön. Ich glaube, ich war ziemlich verknallt.«

Ich stand auf und knipste das Licht aus. Die Morgensonne schien freundlich aufs Parkett, und ein paar Vögel sangen in den Ästen der Kastanie gegenüber. Bobs beängstigende Blässe hatte sich verzogen. Er sah sehr erschöpft aus, wirkte aber ruhig und entspannt. Ich ließ ihn kurz allein und kehrte mit zwei dampfenden Schalen Mocca wieder zurück. Ohne zu sprechen setzte ich mich wieder zu ihm und ließ ein Stück Zucker in die dunkle Flüssigkeit gleiten.

Gedankenverloren rührte Bob in seinem Kaffee. »Sehr verliebt, ja«, sagte er, »ich weiß nicht, wie viel Zeit vergangen war, jedenfalls hörte ich ein leises Zischen, und ich dachte, mein Gott, was will sie denn jetzt schon wieder? Wie kann so ein berauschendes Wesen derart schreckliche Töne von sich geben? Ich versuchte wegzuhören, doch das Geräusch drang trotz der Ohropax durch meine Trommelfelle. Es war so ein gellendes, sehr hohes Schreien, weißt du?«

»Oh ja«, unterbrach ich ihn unbeabsichtigt, da mir dieses unmelodiöse Gekreisch bis heute in schlechtester Erinnerung war.

»Dann stieg mir ein brenzliger Geruch in die Nase. Herrgott, der Fisch! Jetzt verbrutzelt mir der Fisch, und ich steh da. So eine Blamage. Und das bei der ersten Verabredung. Ich renne in die Küche, vielleicht erinnerst du dich an die kleine Küche, die direkt ans Badezimmer grenzte? Also, und da stehe ich vor dem Herd und sehe die Fische unversehrt auf dem Holzbrett liegen. Richtig, ich wollte ja warten, bis Rosa fertig ist. Aber der stechende Geruch … Rauch brannte mir in den Augen.

Er drang durch die Ritzen der Badezimmertür. Ich riss die Tür auf, der Rauch schlug mir heiß ins Gesicht. In panischer Eile holte ich den Feuerlöscher, den sich meine Mutter kürzlich fürs Auto besorgt hatte, und versprühte Mengen von Schaum, bis ich etwas besser sehen konnte. Nachdem das Feuer gelöscht war und ich die Fenster aufgerissen hatte, sah ich sie am Boden liegen, ihre Haut war von roten Blasen aufgequollen, das Gesicht furchtbar zugerichtet, die Hälfte der Haare versengt. Sie atmete nicht mehr.«

Ich sah Bob voller Schrecken an. »Was erzählst du da für Gruselgeschichten? Und was für ein Feuer?«

»Irgendein Defekt am Föhn – Kurzschluss – was weiß denn ich. Das Ding war ja ganz verschmolzen, als ich es entdeckte. Vielleicht hatte sie auch ihre Zigarette auf den Badezimmerteppich fallen lassen, diese Kunststoffe brennen ja wie trockenes Stroh. Wie auch immer, als es mir gelungen war, das Feuer zu löschen, bestand ja keine dringende Notwendigkeit, die Ursache des Brandes ausfindig zu machen. Unfälle passieren.«

»Wie entsetzlich!« Ich sah ihn an und zweifelte noch immer an seiner Erzählung. »Was hast du getan?«

»Ich wurde ganz still, entfernte die Wattebällchen aus meinen Ohren, wickelte Rosa in ein großes, weißes Badetuch und trug sie vorsichtig zum gedeckten Tisch. Sie war sehr leicht. In Filmen sind Leichen immer schwer wie Zementsäcke, doch Rosa war leicht wie eine Feder. Ich setzte sie behutsam auf einen Sessel und band sie mit einem zweiten Badetuch an die Lehne, sie wäre mir sonst heruntergerutscht.«

War es die durchwachte Nacht, die Bob zu derartig unsinnigen Geschichten trieb?

»Nun, und dann briet ich die Goldbrasse. Eine natürlich nur, denn was will eine Tote schon essen? Trotzdem richtete ich ihren Fisch ebenfalls auf einem Teller mit Erbsen und Karottenreis an. So saßen wir nun bei Tisch, Rosa und ich. Sie gab keinen Ton von sich, was ich zu schätzen wusste, und so konnte ich frisch von der Leber weg alle möglichen Anekdoten erzählen. Wir hatten einen wirklich feinen Abend.«

»Was«, ich wagte kaum zu fragen, »ist dann passiert?«

»Nichts, was sollte denn jetzt noch passieren?«

»Hast du nicht die Rettung angerufen, die Polizei, die Feuerwehr?«

»Das Feuer hatte ich doch selbst gelöscht. Und zu retten war da nichts mehr. Ich hab sie in eine Decke gepackt, bin mit ihr zur Donau gefahren und hab sie dort ins Wasser gelegt.«

»Gelegt?«

»Nun ja, ich musste sie etwas werfen, aber es ging nicht anders.«

»Aber Tote werden doch gefunden, identifiziert und dann …«

Ich brach ab. Das war doch sinnlos. So ein Hirngespinst. Und ich ließ mich noch darauf ein. Das Schlafmanko hatte mich nervös gemacht.

»Es ist nicht immer wie im Fernsehen. Ich hab nie wieder etwas von ihr gehört. Und es ist auch niemand gekommen. Auch auf der Uni hab ich nichts gehört. Obwohl – man hat ja nie viel mit mir gesprochen. Du weißt ja, der einzige, zu dem ich Kontakt hatte, warst du. Und als du weggingst, da hat sich dann eigentlich gar niemand mehr um mich gekümmert. Als wäre ich Luft, jawohl, Luft.« Bob stand auf, richtete sich die Bügelfalten seiner Hose und ging in die Küche. Mein Kreuz schmerzte, ich folgte ihm und sah ihn die Harzstückchen aufkehren. Nun hob er den Fisch auf, pickte sorgsam die Splitter heraus und legte ihn auf einen Teller. »Das ist ihre Goldbrasse«, sagte er und streichelte zärtlich die Flossen des Fisches.

Mir wurde übel, ich schnappte mein Sakko und entschuldigte mich kurz. Ich käme gleich wieder, versprach ich mit dem festen Wissen, diese Schwelle nie wieder zu übertreten. Als ich auf der Straße war, holte ich tief Luft und ging zur nächsten Telefonzelle. Ich hatte den Hörer schon in der Hand, als mir auffiel, dass eine Notrufnummer hier gar nicht am Platz war. Im Hotel angekommen, suchte ich die Nummer eines Studienkollegen heraus, der ebenfalls in Wien promoviert hatte. Nach anfänglichem Geplauder führte ich ihn an das Thema Rosa heran. Er konnte sich gut an sie erinnern. Ob sie fertig studiert hätte, fragte ich beiläufig. Nein, nein, sie wäre eines Tages einfach nicht mehr aufgetaucht. Wahrscheinlich nach Indien abgehaut oder so, er wüsste auch nichts Näheres. »Hoffentlich haben die Inder bessere Nerven, bei dem Orgaaan, was?« hatte die Stimme am anderen Ende der Leitung noch gelacht.

Als ich durch die Hotellobby schritt, die Aktentasche in der linken, das Sakko in der rechten Hand, kam der Hotelmanager auf mich zu. »Alles in Ordnung?« schnarrte er. »Nebenbei bemerkt, wir haben zur Zeit was ganz Besonderes. Fischwochen. Vom Zander bis zur Rotbarbe, alles erste Klasse. Was ist los mit Ihnen, sie sind so blass? Ist ihnen nicht wohl?«

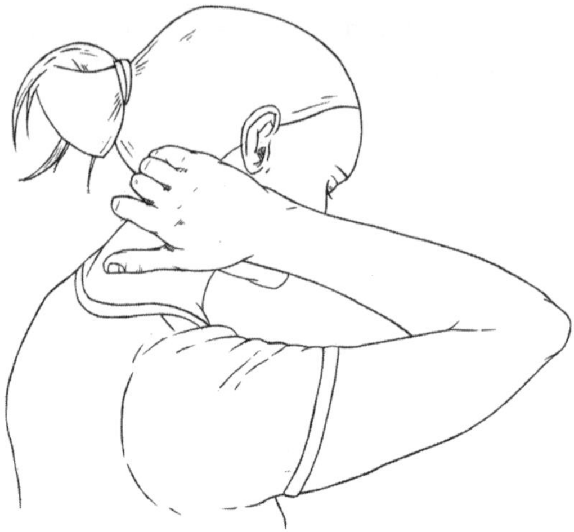

Weg hier!

Diese Geste kann verschiedenartig gedeutet werden. Entweder definiert man sie als verhinderten Schlag, der unbewusst im Nacken gestoppt wird, oder aber man sieht in dieser Geste etwas anderes, nämlich Verlegenheit und den damit verbundenen Wunsch nach Flucht. Nachdem wir der Ansicht sind, dass Gefühle der Scham eher diesem Verhalten entsprechen, wurde diese Geste hier – und nicht bei der Aggression – eingereiht.

Vielleicht kennen Sie die Situation: Eltern schimpfen eindringlich mit ihrem Kind, das gerade eine Dummheit begangen hat. Dem Kind ist das sehr unangenehm, es geniert sich, weint vielleicht sogar und greift sich unwillkürlich an den Nacken. Dadurch fängt es den Wunsch des Davonlaufens rechtzeitig ab und verhindert die ersehnte Flucht. Wie sollte das Kind denn auch flüchten können? Es ist auf die Eltern materiell wie psychisch angewiesen und könnte gar nicht weg. Auf Grund dieser Ausweglosigkeit erfolgt der Griff in den

Nacken. Er soll die Flucht nach hinten stoppen, wirkt stabilisierend und gibt eine gute, wärmende Stütze.

Auch Erwachsene kennen dieses Gefühl. Bei einem Disput mit einem Vorgesetzten beispielsweise fühlt man sich sehr bedrängt und will weg; aber dies wäre eine inakzeptable Unhöflichkeit, die eine Kündigung zur Folge haben könnte. In diesem Fall kann die Geste allerdings sowohl Scham als auch den von Wut geprägten Wunsch zuzuschlagen bedeuten.

Es gibt aber auch noch eine weitere mögliche Deutung: Bei einem Anlass zur Trauer passiert es mitunter, dass man sich selbst im Nacken streichelt, um die Anspannung durch diesen Griff und ein wenig Massage zu lösen. Wenn niemand sonst da ist, der diese Zuwendung erfolgen lässt, spricht eigentlich nichts dagegen. Denn auch die eigene Hand kann kurzfristig in einer tristen Situation Wärme und Trost spenden.

Tipp: *Wenn Sie merken, dass Ihr Gesprächspartner häufig diese Geste gebraucht, signalisiert er: »Gib mir mehr Raum, komm mir nicht zu nahe.« Sie sollten diesen Wunsch respektieren und sich ein bisschen zurücknehmen. Oft handelt es sich um Menschen, die generell Angst vor zu intimem Kontakt haben.*

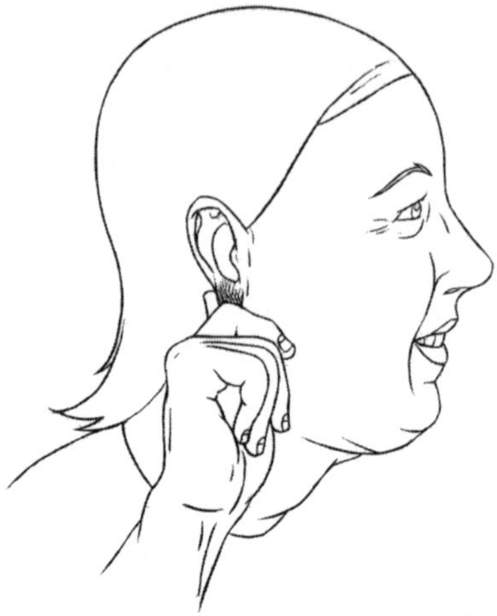

Rote Ohren

Ein besonders markantes Zeichen der Erregung und der Scham ist das blutrote Verfärben der Ohren. Das Ohr ist zusammen mit den Lippen die am stärksten exponierte erogene Zone. Das äußere Ohr beziehungsweise die Ohrmuschel sind buchstäblich leuchtende Äußerungen des erlebten Schamgefühls. Das ist kein Zufall: Gerade diese Organe sind prädestiniert dafür, Veränderungen der Durchblutung anzuzeigen. Nicht immer zum Vergnügen des Errötenden, der sich mit glühenden Ohrläppchen leider der ungewollten Aufmerksamkeit des Publikums sicher sein kann.

Das Kratzen am Ohr spiegelt daher meist eine gewisse Verlegenheit wider. Indem man mit den Händen das Gesichtsfeld verlässt, geht man auch »einen Schritt zurück«, verordnet sich also selbst einen Rückzug und versucht gleichzeitig, Zeit zu gewinnen.

Das Ohrenfassen hat aber auch eine erzieherische Bedeutung. In antiquierten Erziehungssystemen war es gang und gäbe, unaufmerksame oder schlimme Schüler an den Ohren zu ziehen, um sie so zu demütigen. Jeder, der dies schon einmal erlebt hat, weiß, wie weh es tut. Die Geste hat daher etwas Erzieherisches, Appellatives, das kaum mit angenehmen Erlebnissen verbunden werden kann.

Um die Deutung zu komplettieren, soll auch auf die bei dieser Geste stattfindende Eigenberührung hingewiesen werden: Immer wenn wir uns selbst berühren, streicheln etc., geben wir uns oder der Umwelt zu verstehen, dass wir uns unkomplett, unsicher und zu wenig verstanden fühlen.

Eine andere Deutung besagt, dass durch das Greifen ans Ohr einem Widersacher angedeutet werden soll, dass er eigentlich Ohrringe tragen sollte, sich also wie eine »schwache, wehrlose« Frau verhält oder auch einigermaßen »weibisch« wirkt. In manchen Teilen Italiens wird diese Geste als Unterstellung der Homosexualität interpretiert, was unangenehme Folgen haben kann.

Wieder eine andere Interpretation schreibt dieser Geste eine Ungläubigkeit zu, die dem eben Gehörten eine klare Absage erteilen will.

Tipp: *Sollten Sie starke Müdigkeit verspüren und keine Gelegenheit haben, schlafen zu gehen, dann probieren Sie folgenden Trick: Massieren Sie eine Minute lang intensiv Ihre empfindlichen Ohrläppchen; da so die Durchblutung gefördert wird, kommt es zu einer Aktivierung des gesamten Kreislaufs.*

Halt mich fest

In viele Fällen wird diese Geste als Anzeichen für eine Lüge betrachtet. Der angebliche Lügner will etwas verbergen und verdeckt daher die Hälfte seines Gesichts mit der Absicht, den Zuhörer hinters Licht zu führen.

Wir wollen uns dieser Interpretation nicht ohne weiteres anschließen und ein wenig in die Tiefe gehen. Denn die besonders exponierte Nase ist unserer Meinung nach vielmehr eine Art Schutzeinrichtung, die man mit den Händen genau dann sucht, wenn man unsicher ist und Halt braucht. Der Griff zur Nase symbolisiert so gesehen eine Stütze in psychisch belastenden Phasen.

Die Nase ist ein besonders empfindliches Organ. Insbesondere die Nasenspitze ist mit überdurchschnittlich vielen Nerven ausgestattet. Eltern, die mit ihren Kindern kuscheln wollen, reiben daher immer wieder ihre Nasenspitze an der ihres Kindes. Auch bei den Eskimos und anderen Stämmen wird diese Geste angewandt, um tiefe Zuneigung zu demonstrieren. So gesehen steht die Nase als Äquivalent für die Lippen.

Wenn man all dies berücksichtigt wird klar, dass der Griff an den eigenen, schützenden »Erker« eine Art Rückzug ist; ein beschämtes, verunsichertes Greifen an eine Stelle, die durch ihre Empfindlichkeit bestens geeignet ist, eine Berührung deutlich zu spüren und als beruhigend anzunehmen.

Da die Nase direkt unter der Stirn plaziert ist, sehen wir in dem Griff auch den Versuch, eigene Gedanken zu stützen oder unausgereifte Gedanken nochmals zu überprüfen. Um Zeit zu gewinnen, um Unsicherheiten zu verbergen, ist dieser Griff passend: Er verdeckt den Mund, hält daher vielleicht noch etwas unüberlegte Worte zurück und gibt uns Stütze zu einem Zeitpunkt, an dem von anderen keine oder nur wenig Hilfe zu erwarten ist.

Tipp: *Nicht selten wird aus dem Griff an die Nase ein Griff in die Nase. Unnötig zu betonen, dass dies in zweifacher Hinsicht problematisch ist: Erstens gilt es bekanntlich als abstoßend, und zweitens geben Sie Ihrer Umwelt zu verstehen, dass Ihnen vermutlich sehr langweilig ist.*

Das nehme ich zurück!

Sie kennen diese Situation bestimmt: Während einer Unterhaltung fallen immer mehr und immer heftigere Scherze. Eine Pointe jagt die andere, und schließlich passiert es: Sie sagen ohne zu überlegen einen Satz, den Sie sofort bereuen. Doch es ist zu spät; die Worte sind ausgesprochen, und nichts kann das mehr ungeschehen machen. Aber ein symbolischer Rettungsversuch soll helfen. Die Hand fährt – als eine Art versuchter Entschuldigung – zum Mund und versucht diesen festzuhalten, zu schließen, damit nichts Peinliches mehr geschehen kann.

Der Versuch der Zurücknahme ist das wesentlichste Merkmal dieser Geste. Die Scham, die daraus spricht, ist für jeden halbwegs aufmerksamen Betrachter klar erkennbar. Es gibt sogar Menschen, die sich so ziemlich für alles, was sie sagen, genieren und sich daher bei jedem Satz an den Mund greifen. Diese sehr unsicheren Menschen tendieren dazu, der eigenen Meinung wenig zu trauen und geben sich oft allzu schnell mit der Rolle des Zuhörers zufrieden. Dies bedeutet jedoch nicht nur eine Störung der Kommunikationsfähigkeit, sondern der gesamten Persönlichkeit. Auch wenn es in der gebotenen Kürze kaum umfassend zu behandeln ist, sollte festgehalten werden, dass bei solchen Menschen in frühen Beziehungen wohl wenig Aufmunterung zu eigenständigem Denken vorhanden gewesen sein kann. Kein Wunder, wenn später heftige Wut darüber entsteht, die mit großer Anstrengung zurückgehalten werden muss. Denn auch dazu dient das Verdecken der Lippen: nicht nur, um Unsicherheit zu verbergen, sondern auch, um Aggression zu verstecken.

Oft sind die Gestikulierenden, die sich den Mund durch diese Geste symbolisch verbieten, über das aktuelle oder vergangene Geschehen derart erbost, dass sie physische Unterstützung brauchen, um der eigenen Wut Herr zu werden und nicht lauthals losbrüllen zu müssen. Auch wenn diese Wut Jahre nicht zugelassen wurde oder nicht mehr verspürt werden kann, sie ist noch immer da: zumindest in Form dieser Geste.

Tipp: *Achten Sie darauf, dass bei Verhandlungen, Reden und Ansprachen jeder Art alle Zeichen, die auf Unsicherheit schließen lassen, zu vermeiden sind. Bei dieser Geste leidet auch die Akustik, da durch das Verdecken des Mundes nur mehr ein undeutliches Nuscheln zu hören ist.*

Vielleicht – vielleicht aber auch nicht

Fast immer verweisen Gesten auf jenes Organ, das mit den Händen berührt wird. Greift man sich ans Ohr, will man meist besser hören und verstehen, greift man auf den Bauch, gibt man eventuelle Hungergefühle zu verstehen usw.; wenn jedoch ein oder mehrere Finger die Lippen berühren, liegt der Fall komplizierter, denn der Mund kann für vieles stehen: für Hunger, für das Bedürfnis nach einem Kuss oder für Worte, die man sich nicht auszusprechen traut.

Beim Berühren der Lippen halten wir nun folgendes für besonders beachtenswert: die durch die Geste manchmal entstehende Figur des Kreuzes – das bekannteste Symbol des christlichen Abendlandes. Hier prallen beim Gestikulierenden offenbar zwei Meinungen gegeneinander. Das eben Gehörte wird zwar wahrgenommen, und man verbietet sich zusätzlich durch das Versperren des Mundes eine vorschnelle Replik, aber dennoch: Die Hände verweisen auf ein »Über-Kreuz-sein«

mit den Inhalten, die man vernimmt. Man will sich nicht recht anfreunden mit den Worten oder weiß noch nicht recht, wie man antworten soll. Diese Geste kann daher auch ein Symbol für das Gefühl der Unterlegenheit oder Verlegenheit sein. Sie verweist zwar auf den Mund und die Sprache, aber gleichzeitig verrät sie die Hemmung, davon Gebrauch zu machen.

In Situationen, in denen zwei Menschen aneinander großen Gefallen finden, kann sich die Bedeutung allerdings wandeln. Dann sind es möglicherweise erotische Gefühle, die sich hier Ausdruck verschaffen wollen. Die Geste ist ein »Fingerzeig« hin zum Mund, hin zum Kuss, den man sich insgeheim erhofft und wünscht. Im Fall, dass eine Frau diese Geste zeigt, verweisen der verspielte, verführerisch gemeinte Fingerzeig und der noch verschlossene Mund stellvertretend auf eine noch bestehende Sperre des Körpers und des Herzens, die sich bei größerer Sympathie öffnen könnte ... dann kann man nur hoffen, dass alle weiteren Signale richtig verstanden werden.

Tipp: *Wenn Sie diese Geste immer wieder bei Ihrem Gegenüber beobachten, schätzen Sie die Situation schnell ein: Verunsichern Sie auf angenehme, erotische oder auf unangenehme, dominante Weise? Eine dieser beiden Möglichkeiten sollten Sie in Betracht ziehen.*

Auf den Punkt gebracht

Diese Geste hat eine recht klare Symbolik. Die zusammengeführten Hände weisen nach oben und berühren einander an den Fingerspitzen. Dadurch haben sie etwas Beschwörendes und erinnern stark an den Akt des Betens.

Innerhalb eines Gespräches oder einer Verhandlung wird so angezeigt, dass sich etwas »förmlich zuspitzt«. Im Inneren des Darstellers geht nicht selten eine starke Spannung vor sich, die jedoch versteckt werden soll. Gleichzeitig wird auch intensives Nachdenken zur Schau gestellt.

Die Berührung der Fingerkuppen soll gestisch die Bemühungen unterstützen, die Dinge buchstäblich »auf den Punkt« zu bringen. Daher will man sich innerhalb einer Gruppe mit dieser Geste unterschwellig auch den Status des Denkers und Hauptverantwortlichen anmaßen – üblicherweise kaum zum Wohlgefallen der Anwesenden. Denn einladend ist diese Geste sicher nicht; die Hände sind vielmehr eine Barriere, die aufgerichtet mit den Handrücken (auch das heißt den »Rücken zuwenden«) gegen die Anwesenden zeigt und unbewusst eine starke Abwehr gegen das Geschehen transportiert. Dadurch wird eine starke Unsicherheit sichtbar. Dieser Eindruck verstärkt sich noch durch den bei dieser Geste häufigen Kontakt der Fingerkuppen mit den Lippen.

Sie kennen dieses Bild bestimmt; wenn ein Kind besonders verunsichert ist, regrediert es oft und fängt an, an den eigenen Fingern zu kauen oder zu lutschen. Erwachsene verhalten sich hier nur selten anders; doch werden – psychoanalytisch gesprochen – »orale Wünsche« (also Wünsche nach Befriedigung, Zuwendung und Aufmerksamkeit) nur mehr angedeutet, da das Daumenlutschen für Erwachsene wohl kaum mehr opportun ist.

Natürlich haben die Hände bei dieser Geste noch eine andere Aufgabe: Sie sollen den Ausführenden davor bewahren, vorschnelle Ansichten oder Entscheidungen auszusprechen, die womöglich falsch am Platz oder unklug sind. Durch das symbolische Schließen der Lippen verordnet man sich eine Pause, und dies gemahnt an den simplen aber sicher praktikablen Rat: Zuerst denken – dann reden.

Tipp: *Diese Geste wird kaum für Sympathie sagen. Sie ist pure Selbstinszenierung und mutet arrogant, wenn nicht sogar ziemlich abweisend an.*

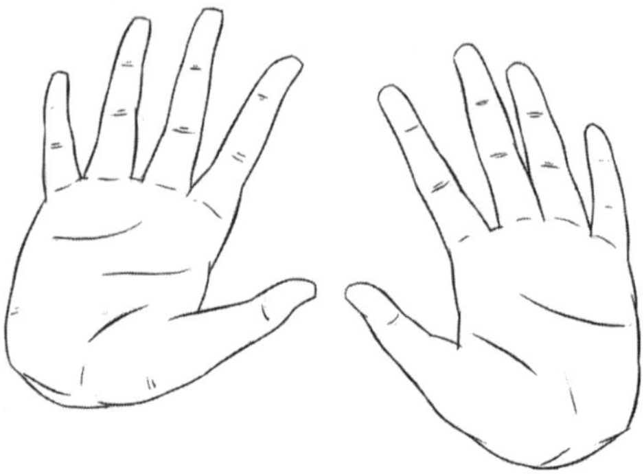

Stopp!

»Stopp! Lasst mich in Ruhe! Geht weg.« So oder so ähnlich sind wohl die Gedanken desjenigen, der diese Geste einsetzt. Doch gleichzeitig wird durch das Öffnen der Hände auch um Vertrauen gekämpft, denn derart gespreizte Hände sollen nebenbei den Inhalt transportieren: »Seht her, ich bin nicht bewaffnet, ihr könnt mir vertrauen ...«

Dieses dargestellte Angebot hat auch noch einen anderen Hintergrund: Früher war diese Geste sowohl Bestandteil des Betens und Bittens als auch der Einladung dazu. Der Pfarrer hielt seine Hände der Gemeinde entgegen, um beschwörend auf sie einzuwirken und um »Erhörung für alle zu erflehen«. So ist diese Geste paradigmatisch für die Widersprüchlichkeit menschlicher Kommunikation überhaupt. Einerseits gibt man den Wunsch nach Abgrenzung und Distanz zu verstehen, indem man deutlich mit den Handflächen nach vorne weist und eine symbolische Barrikade bildet. Gleichzeitig aber lädt man ein zur weiteren Auseinandersetzung, die man förmlich heraufbeschwören will.

Gekonnte Rhetoriker setzen ganz bewusst diese Geste ein, um sich symbolisch von bestimmten Inhalten, und nicht von den Zuhörern abzugrenzen. Im nächsten Moment kann dann eine einladende Gegenbewegung hin zum Vortragenden einsetzen, die auf eine neue gedankliche Position und daher auch Alternative hinweist. Dieses Wechselspiel von »Wegschieben« und »Einladen« kann manchmal enorme Wirkungen erzeugen. Nicht immer zum Wohl der Menschen: Am Beispiel Hitler kann man erkennen, wie heute lächerlich anmutende Reden Millionen von Menschen in eine verhängnisvolle Massenhysterie bringen konnten; unter anderem wohl auch durch genau einstudierte Gesten, die von Hitler bekanntlich intensiv vor dem Spiegel geübt worden sind.

Die Gestik Hitlers deutete schon symbolisch in ihren Bewegungsabläufen an, was traurige Realität werden sollte: Das ständige aggressive Ballen der Fäuste, das Zeigen und Hinausweisen mit gestreckten Fingern und das Trommeln auf Unterlagen hätten aufmerksamen Betrachtern genug Hinweise darauf liefern sollen, was dieser Mensch im Schilde führte.

Tipp: *Diese Geste kommt oft einer schroffen Abweisung gleich. Seien Sie sich dessen bewusst, wenn Sie eine Einladung absagen, die Sie gerade nicht interessiert.*

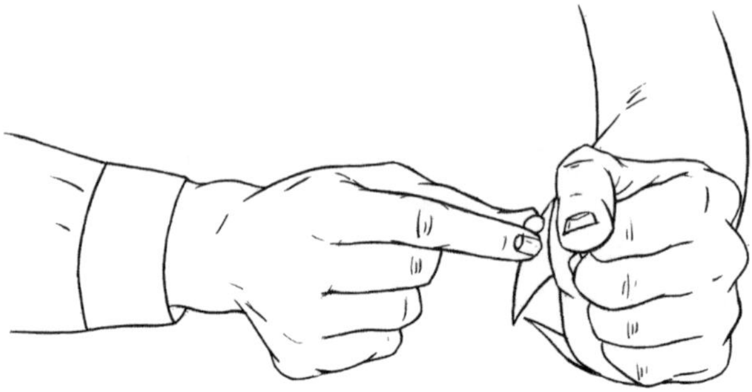

Very british

Auf dem gesellschaftlichen Parkett rutscht es sich nur allzu leicht aus. Eine ganze Menge von Regeln muss beachtet werden, und jeder Fehler kommt einem kleineren Skandal gleich. Besonders in England ist die Etikette über viele Generationen erhalten geblieben. Das Königshaus muss als britische Repräsentationsinstanz bei diesem Spiel besonderes Obacht geben.

Prince Charles und Lady Diana waren sicherlich besonders stark gefordert, diese Sitten zu wahren. Oftmals mussten bei Anlässen lange Gänge oder weite Säle durchschritten werden, um jemanden zu begrüßen oder ein bestimmtes Zeremoniell zu befolgen. Dabei konnte man immer wieder eine Geste verfolgen, die die vorhandene Nervosität überspielen sollte: Das Zurechtrücken der Manschetten bei Prince Charles und das Zupfen am Ärmel oder an einem Schmuckstück im Fall von Lady Diana.

Diese Geste soll natürlich vordergründig Verlegenheit verdecken und Zeit überbrücken helfen. Doch interessiert uns auch der psychologische Hintergrund, der diese Geste entstehen lässt. Er ist unserer Meinung nach in der Angst vor der Entblößung, vor dem Ertapptwerden zu suchen.

Sie kennen diese Situation bestimmt: In einer exponierten Lage hat man oft den intensiven Wunsch, sich verstecken zu können, um dem Druck eines öffentlichen Auftrittes zu entgehen. Der Griff zur Manschette oder zum Ärmel soll hier insofern helfen, als er uns durch das Herunterziehen des Stoffes ein bisschen mehr bedeckt – eben verstecken hilft. Nicht zufällig heißt es, dass man sich in peinlichen Lagen »eine Blöße gibt«. Man steht eben plötzlich »ganz schön nackt da« (österreichische Redewendung für »beschämt sein«) und hat nur mehr einen Wunsch: Flucht.

Es ist sicher nicht übertrieben, wenn man Prince Charles und Lady Diana nachträglich attestiert, dass dieser Wunsch bei gemeinsamen und auch anderen Auftritten immer wieder zum Vorschein kam.

Tipp: *Diese Geste wirkt sehr distinguiert – eben »very british«. Es ist deshalb nicht überall angebracht, sich häufig am Hemd oder Handgelenk zu zupfen. Versuchen Sie doch einmal in exponierten Situationen, mit Ihren Augen ein bestimmtes Ziel zu fixieren, während Sie sich bewegen. So wirken Sie souveräner und zielgerichtet und brauchen keine Verlegenheitsgesten mehr.*

Dabei sein ist alles – Neugierde, Interesse

In vielen Märchen erscheint der Spiegel als Ort der Wahrheit. Er verrät die Wahrheit nicht allein durch das gespiegelte Bild, sondern steht dem Fragenden auch Rede und Antwort.

Wenn wir in ihn blicken – was sehen wir wirklich? Ein zwar spiegelverkehrtes, aber weitestgehend reales Abbild unserer

Körperoberfläche oder eine Fiktion, die wir erst nach und nach als das erkennen, was wir sind? Ein Bündel aus verschiedensten Eigenschaften, widersprüchlichen Emotionen und zahlreichen Interessen, die uns letztlich – neben äußerlichen Unterschieden – voneinander abheben. Dass wir uns überhaupt im Spiegel erkennen können, ist gar nicht so selbstverständlich, wie es für Erwachsene auf Grund ihrer Erfahrung scheint. Ein langer Lernprozess ist nötig, bevor ein Mensch sein Spiegelbild erkennt.

Dieser Prozess bedingt das so genannte Spiegelstadium, das üblicherweise bei sechs bis achtzehn Monate alten Kindern beobachtet werden kann. Eine »jubilatorische« Reaktion ist die Folge, und das Kind begreift nun nach und nach, dass es auch dann einen Körper hat, wenn es ihn nicht mehr sieht, und es weiß zudem, wie dieser Körper aussieht. Um die Verlässlichkeit dieses Abbildes zu prüfen, macht es Bewegungen und schneidet Grimassen und freut sich darüber, dass das Spiegelbild alles imitiert. Doch das allein genügt nicht. Das Kind wendet sich an einen Dritten, um dessen Bestätigung zu erhalten und sendet beispielsweise der Mutter fragende Blicke zu: »Bin das wirklich ich?«, »Magst du mich so, wie ich bin?«

Sich selbst zu entdecken ist eine der wesentlichen Aufgaben des jungen und oft genug auch noch des erwachsenen Menschen. Die Entdeckung des eigenen Körperbildes ist ein Meilenstein der Entwicklung. Der ursprüngliche Blick auf die Einzelteile des Körpers – Arme, Beine und Hände – findet nur langsam zu einer geregelten Koordination. Eltern, die mittels Gedichten dem Kind die einzelnen Finger erklären, wissen genau, was hier angesprochen wird. »Und das ist der Daumen, der schüttelt die Pflaumen ...« spielen sie mit ihrem Kind, damit es nach und nach alle Finger kennen lernt.

Spielen mit der Neugier

Das Entdecken des Spiegelbildes ist nur eine Facette des Phänomens Neugier. Spielen hingegen prägt einen gesamten Lebensabschnitt. Durch das Spiel soll der junge Mensch jene Fähigkeiten erwerben, die es ihm ermöglichen, im zuweilen ernsten Spiel des Lebens zu bestehen. Die Aufforderung zum Spiel wird bei Kindern oft nur durch wenige entsprechende Gesten angezeigt, und es kommt meist rasch zu Übereinkünften über alle Modalitäten, eine Spontaneität, die vielen Erwachsenen verloren gegangen zu sein scheint.

Spielerische Neugier im Erwachsenenleben findet in Kunst und Wissenschaft ein ideales Betätigungsfeld. Hier lebt der Drang, Antworten auf die großen Fragen des Lebens zu finden Doch nicht immer mündet das ursprüngliche, kindliche Spiel in so ernste Theorien. Künstler dürfen die Zügel ihrer Neugier lockerer halten, als dies etwa in der Wissenschaft möglich ist. Der Forschungsdrang und die damit verbundene Gier nach Neuem (es heißt ja nicht zufällig »Neu- Gier«) haben den Menschen zu den unglaublichsten Leistungen angespornt. Leonardo da Vinci, Albrecht Dürer, Michelangelo, Schostakowitsch, Schönberg oder Schumann haben zeit ihres Lebens für ihre Ideen und Werke gekämpft und alles daran gesetzt, an die Grenzen des »Göttlichen« zu gehen. Diese Menschen opferten ihre ganze Kraft, um der Wahrheit ein Stück näher zu kommen. Neugier macht sich nicht immer bezahlt. Überdimensionale Neugier, künstlerisches Talent und ausgeprägter Forschungsdrang werden allzu selten ausreichend geschätzt und zeitgerecht belohnt.

Interesse – Denken und Fühlen zugleich

Ist die Neugier mit innerer Unruhe verbunden, zeigt sich das Interesse als eine Neigung zu zielgerichtetem Denken und Handeln.

Interesse (lat. inter-esse: dabei sein) ist eine der wesentlichsten Eigenschaften, die uns in der Persönlichkeitsentwicklung, Kreativität und Intelligenzsteigerung weiterbringen kann. Vieles, was neu, anders und aufregend für uns ist, findet unser Interesse. So entdecken wir bald einige Anzeichen in Gestik und Mimik, die unser Interesse deutlich widerspiegeln.

Interesse spielt sich allerdings eher im Bereich der Mimik ab als in dem der Gestik. Deshalb werden in der Folge nur einige wenige Gesten vorgestellt, die von ihrer Dynamik her Ähnliches ausdrücken wie die folgenden mimischen Zeichen: Das leichte Heben der Augenbraue sowie das »Große-Augenmachen« zusammen mit einer leichten Öffnung des Mundes – man möchte meinen, der Interessierte wolle die Aufnahmefähigkeit seiner Sinnesorgane erweitern. Der Kopf neigt sich zur Seite, der Körper dreht sich in Richtung des Interesse erweckenden Geräusches, Gegenstandes oder Menschen.

Das Sich-Öffnen ist ebenso symptomatisch für den Gestenbereich. Dort öffnen wir uns mit dem Körper, indem wir etwa die Arme ausbreiten. Symbolisch steigern wir unsere Aufnahmebereitschaft auch dadurch, dass wir unsere Ohrläppchen nach vorne ziehen, um so unserem Gegenüber zu zeigen, dass wir wirklich interessiert am eben Gesagten sind.

Der Gambenspieler

»Frau Doktor, kann ich noch etwas für Sie tun?« Tatjanas Sprechstundenhilfe hatte ihre Tasche bereits gepackt. Es war fünf Uhr.

»Nein, nein, gehen Sie nur, Sie können das Band morgen Vormittag in aller Ruhe abtippen. Machen Sie sich einen schönen Abend.« Die Tür klappte leise zu, und Tatjana saß allein am Schreibtisch in ihrer Praxis. Der letzte Klient war vor zehn Minuten gegangen.

Tatjana lehnte sich in das weiche Leder ihres Chefsessels zurück und ließ die Stunde in Gedanken vorüberziehen. Die Eheprobleme ihres Klienten waren geringer geworden, seit er vor einem Jahr seine Therapie begonnen hatte. Immerhin ein kleiner Fortschritt, dachte Tatajana. Sie seufzte und fühlte ein wenig Neid in sich hochsteigen. So ein kleines Eheproblemchen würde sie schon eintauschen wollen gegen ihr Single-Dasein. Seit Peter sie verlassen hatte, war ihr Leben ruhiger geworden. Einfacher und ordentlicher. Ihr Blick streifte das Birkenregal. Die Bücher waren sorgfältig nach Größe und Farbe der Buchrücken geordnet. Der mit Bienenwachs eingelassene Buchenschreibtisch glänzte matt in der schrägstehenden Augustsonne. Die Papiere lagen in akkuraten Stapeln nebeneinander, in einem Aluminiumköcher lehnten teure Bleistifte, die sie nur selten benutzte. Im Frühjahr hatte sie die letzte Kreditrate für die Praxis abbezahlt und war nun in der ihr neuen Lage, völlig schuldenfrei mit einem angenehmen finanziellen Polster in die Zukunft zu blicken. Das Geschäft lief gut, ihr Terminkalender war ausgelastet. Tatjana stützte ihre Hände auf den Tisch, atmete tief aus und stand auf. Sie schulterte ihre Tasche und machte sich auf den Heimweg.

Angenehm warmer Südwind strich über ihr Gesicht, als sie die Tür ihres Autos aufschloss. Eine unreife Kastanie war gegen ihre Windschutzscheibe gepoltert und hatte einen grünlichen Streifen auf dem Glas hinterlassen. Tatjana öffnete das Handschuhfach und zog einen Mini-Fensterspray hervor. Sie sprühte etwas von der blauen Flüssigkeit auf die Scheibe und polierte mit einem Kleenex nach. Kastanien, sie schüttelte den Kopf, mitten im Sommer.

Sie lenkte ihren Wagen ruhig und sicher durch den Stoßverkehr. Ab und zu hupte jemand, Tatjana reagierte nicht, sie wusste um die Nervosität ihrer Mitmenschen. Lediglich eine Sache der Abgrenzung, sagte sie sich und bog in die kleine Gasse ein, in der ihre Wohnung lag. Sheila würde bereits ungeduldig sein, sie musste sich beeilen. Als sie die Wohnungstür einen Spaltbreit öffnete, tappte eine graue Pfote auf ihren Schuh.

»Sheila«, sagte sie tadelnd, »doch nicht auf das weiße Leinen, hm?« Die Kartäuserkatze schmiegte sich gegen ihre Wade und schnurrte. Sie hatte Hunger.

»Komm, hier hast du etwas ganz Feines.« Tatjana schabte kleine Fleischwürfel in Aspik auf die gläserne Katzenschale und spülte die Dose sorgsam aus, bevor sie das Blechding in den Müll wandern ließ. Sie stellte die Schale vor Sheilas Schnauze und sah ihr beim Fressen zu.

»Und ich bekomme auch etwas ganz Feines.« Sie strich Frischkäse auf eine Scheibe Reisbrot, schnitt zwei Paradeiser auf und streute Schnittlauchröllchen darüber. Bevor sie den Teller und ein Glas kohlensäurefreies Mineralwasser auf den Couchtisch stellte, breitete sie ein hellblaues Set über das Tischtuch. Sie genoss es, barfuß gehen zu können.

Nach dem abendlichen Imbiss nahm sie auf ihrem Sofa Platz. Sie hatte es sich nach der Trennung von Peter als Trostpflaster geleistet, sündteures beigefarbenes Leder. Die weichen Daunenpolster gaben sanft nach, als sie ihre Beine ausstreckte und den Kopf auf die Armlehne legte. Erst jetzt spürte sie die Anstrengung des Tages, ihre Schultern schmerzten, und ein leises Pochen in der Schläfengegend machte sich bemerkbar. Das Alkaselzer löste sich prasselnd in dem Glas Mineralwasser und sammelte sich in win-

zigen, weißen Bröselchen auf dem Boden des Glases. Sie schwenkte das Glas und trank es in einem Zug aus.

Tatjana widmete sich einer neuen Studie aus den Staaten über Magersucht und deren Auswirkungen. Als das Telefon läutete, hob sie erstaunt ab – jemand hatte sich verwählt. Sheila hatte es sich nun auf dem Sofa bequem gemacht und drehte Tatjana ihr zartes Gesichtchen zu.

»Ich werde wohl nie erfahren, was hinter deinen Sphinx-Augen vorgeht, hm?« Tatjana streichelte sanft über den Katzenrücken und schob das Tier behutsam zur Seite, um sich wieder auf die Couch zu legen. Sie nahm die Aufzeichnungen zur Hand und bemerkte, wie ihre Konzentration nachließ. Nun, dann eben ein wenig Fernsehen. Sie zappte durch die verschiedenen Programme und blieb bei einer Dokumentarsendung über das Fischsterben in einem rumänischen See hängen. Die Türklingel bimmelte. Was war denn heute Abend los? Sie knipste den Fernsehapparat aus und lief ins Vorzimmer.

Eine Nachbarin wollte sich Semmelbrösel ausborgen, doch Tatjana hatte keine im Haus. Als sie ins Wohnzimmer zurückkehrte, lag Sheila schlafend über der Magersucht-Studie, die sie in der Mitte des Sofas liegen gelassen hatte. Tatjana wollte die Katze nicht wecken und setzte sich in den Fauteuil gegenüber.

Ein Auto fuhr unten vorbei. Der rhythmische Bass des Autoradios brachte die Fensterscheiben zum Vibrieren. Normalerweise dauerte so eine unerquickliche Störung nur ein paar Sekunden, aber diesmal hielt das Vibrieren an, denn das Auto parkte genau unter ihrem Fenster ein. Der Fahrer hatte zwar den Motor abgestellt, aber das Radio lief weiter auf voller Lautstärke. Sheila hob ein Augenlid, wackelte mit ihrer Schwanzspitze und sprang – als hätte sie nicht geschlafen – mit einem Satz auf den Boden und lief miauend in die Küche. Sheila hasste Lärm. Eine ihrer vielen Eigenschaften, die Tatjana nur allzu gut nachfühlen konnte.

Die Tablette hatte kaum geholfen, und die schnell aufeinander folgenden Basstöne des Radios jagten zusätzlich kleine Schmerzstiche durch Tatjanas Kopf. Seit ein paar Monaten hatten sich diese Kopfschmerzen, Abend für Abend, eingeschlichen.

Sie klappte die Fensterläden zu und schlug die Tagesdecke des Doppelbetts zurück. Mit einem Seufzen legte sie sich auf das kühle, gestärkte Leinen und versuchte ein wenig zu dösen. Der Lärm des Autoradios hielt an.

Tatjana schwang ihre langen Beine aus dem Bett und presste beide Hände gegen die Ohren – zwecklos, der Technosound surrte wie eine gefangene Hornisse in ihrem Kopf. Sie zog sich eine Jacke über, nahm den Wohnungsschlüssel vom Fensterbrett und ging die Treppe des Stiegenhauses hinunter.

Der Fahrer hatte die Autotür weit geöffnet und den Vordersitz zurückgeklappt. Seine Cowboystiefel lagerten auf dem Lenkrad, der Schirm seiner Baseball-Kappe verdeckte das halbe Gesicht. Er schien zu warten. Oder schlief er? Tatjana konnte sich kaum vorstellen, dass irgendjemand dieses Radiogedudel als Schlaflied verwenden mochte.

»Entschuldigen Sie«, rief sie, »könnten Sie das Radio etwas leiser drehen?«

Keine Reaktion.

»Stellen Sie das Radio ab!« brüllte sie und erschrak über ihre laute Stimme.

Der Mann schob seine Kappe mit dem Zeigefinger aus der Stirne und grinste. Er zeigte keinerlei Anstalten, Tatjanas Befehl nachzukommen. Lümmelte nur da und grinste.

»Sind Sie taub?« schrie Tatjana wütend.

Betont langsam, als würde er einem heiligen Ritual nachkommen, richtete sich der Mann auf, legte seine gewölbte Hand gegen das Ohr und sah sie unverschämt an.

»Ich kann Sie nicht verstehen, Schönste«, sagte er leise aber doch so deutlich, dass Tatjana den Inhalt seiner Worte begriff.

»So drehen Sie doch diesen Krach ab!« Tatjana schrie in seine zum Trichter geformte Hand.

»Kein Grund zum Schreien«, meinte er und schaltete die Musik aus. »Allerdings«, setzte er gedehnt nach, »vielleicht sollten Sie doch schreien. Das tut Ihnen gut. Ich seh's an Ihren Augen.« Er hatte sich wieder zurückgelehnt und ließ seine Stiefel krachend gegen das Armaturenbrett schlagen.

»Was sehen Sie an meinen Augen?« Tatjana kochte vor Wut. Tag für Tag musste sie sich mit unkontrollierten Wutausbrüchen ihrer Klienten auseinander setzen, musste klare Grenzen ziehen, für Ordnung sorgen, und dann knallte ihr so ein verrückter Techno-Freak derartige Frechheiten an den Kopf.

»Sie schreien zu wenig, das ist alles. Manche Frauen müssen schreien, sonst spüren sie nichts mehr.« Er hatte die Augen geschlossen und hielt die Arme nun hinter dem Kopf verschränkt.

»Ich verspüre überhaupt keine Lust, mich mit Ihnen auseinander zu setzen.« Sie schlug den Wohnungsschlüssel ungeduldig gegen ihren Daumenknöchel. Noch immer war ihre Stimme lauter als gewöhnlich. Sie hatte ihren zurückhaltenden Ton, den sie ihren Klienten gegenüber anschlug, längst im Privatleben übernommen.

»Sie verspüren zu sehr wenig Lust, wenn ich mich nicht irre.« Eine Pause entstand. Der Mann schlug die Augen auf. »Sie sollten diesen lauen Abend am Wasser verbringen.«

Tatjana stemmte ihre Hand in die Hüfte. »Ich muss mich entspannen, denn ich habe morgen einen schweren Tag. Ich brauche kein Wasser, ich brauche Ruhe. Das wird jemand wie Sie nicht verstehen können. Ich nehme an, Sie halten nichts von Arbeit.« Tatjanas Stimme kippte: »Und überhaupt weiß ich gar nicht, wieso ich noch ein Wort an Sie verschwende. Guten Abend.«

Sie hatte sich bereits umgedreht, als sie ihn antworten hörte: »Weil niemand auf Sie wartet.«

Sie dreht sich um und funkelte ihn zornig an. Er grinste.

»Wie lange wollen Sie noch so dahinleben?« Seine Stimme war seltsam sanft geworden, beinahe mitfühlend.

»Ich«, Tatjana bemerkte, wie dieser Mann sie zusehends verwirrte, »ich lebe eben nach meinen Regeln …« Sie suchte nach Worten, nach Erklärungen, nach einer Entschuldigung. Als ihr diese Tatsache bewusst wurde, war ihr, als würden all ihre Ordnungspfeiler, die sie mühsam in die Erde geschlagen hatte, in einem Domino-Effekt umkippen. Einer nach dem anderen – und in Minutenschnelle. Regeln? Waren das tatsächlich ihre Regeln, nach denen sie lebte? Und was hatte sie davon? Ihren Job, ihre Wohnung, ihre Katze. War das nicht genug? Alles verschwamm, die hart erarbeitete, scheinbare Sicherheit zerrann unter ihren Händen wie Sand. Sie konnte keinen Grund mehr finden, warum sie so lebte und nicht anders. Hatte sie denn noch eine andere Möglichkeit?

Der Mann klopfte auf den Beifahrersitz und sagte: »Kommen Sie, wir fahren ans Wasser. Das tut Ihnen gut.«

Sie stieg ein und dachte, dass sie gerade im Begriff war, etwas Dummes zu tun. Aber was hatte sie zu verlieren? Ob er mich vergewaltigen würde? Beginnt so ein Verbrechen? Sie wusste nicht einmal die Autonummer.

Sie fuhren weit über den Stadtrand hinaus, bis er an einer Raststätte für Spaziergänger im Wald anhielt. Wird er sich jetzt über mich werfen und es tun? War sie völlig übergeschnappt?

»Es ist nicht weit, kommen Sie«, sagte er und schlug einen schmalen Waldweg ein.

Sie folgte ihm.

Stunden saßen sie am Ufer eines Teiches, der sich nach etwa einer Viertelstunde Fußmarsch vor ihnen ausgebreitet hatte. Die Sonne war hinter den Bäumen verschwunden, und allmählich wurde es finster. Tatjana redete. Sie erzählte von ihrer Familie, von ihren Schulfreunden, von Peter und von ihren Ferien im Gebirge. Als sie mitten in der Nacht zum Auto zurückschlenderten, wusste er beinahe alles von ihr. Tatjana wusste seinen Namen und seinen Be-

ruf. Tom, der Gambenspieler. Das war so ziemlich alles, was er von sich erzählt hatte.

Ihre Kopfschmerzen waren verflogen. Sie fühlte sich leicht, ihre Fußknöchel waren durch das laue Wasser des Teichs abgeschwollen. Er hatte sie nicht berührt – und doch fühlte sie sich beschützt wie lange nicht mehr. War es mit Peter auch so gewesen? Sie erinnerte sich nicht.

Die folgenden Tage waren heiter und beschwingt. Tom und Tatjana trafen einander, ohne sich vorher zu verabreden. Es passierte einfach. Wenn er sie besuchte, so genoss sie diese Stunden, und wenn er sich nicht meldete, kuschelte sie sich in ihre Decke und träumte. Er ist wie der Regen, dachte sie, man weiß einfach nicht, wann es soweit ist. So vergingen Monate. Sie hatte noch nie so viel gelacht und so viel geredet. Jedesmal, wenn sie etwas sagte, was ihn besonders zu interessieren schien, hielt er die Hand ans Ohr, so wie damals, als sie ihn angeschrien hatte – und grinste dabei, als hätte er bereits an jenem Augustabend gewusst, wie viel er noch von ihr zu hören bekommen würde.

Sie lächelte, als er ihre wollweißen Teppiche mit erdverkrusteten Wanderschuhen betrat. Und sie lächelte noch immer, als er dem Sofa ein paar Kirschenflecke verpasste, weil er nicht alle Kirschen, die sie ihm zuwarf, mit dem Mund auffangen konnte. Das einzige, was sie ab und zu nachdenklich stimmte, waren die Buchrücken in ihrem Büro: Einige Bücher lagen quer, bei anderen ragten abgerissene Zettel als Lesezeichen hervor, und einige standen tatsächlich Kopf.

Wie bitte?

Diese Geste wird weltweit verstanden; jeder weiß um die Bedeutung der gewölbten Hand, die das äußere Ohr »vergrößert« und nach vorne richtet. Üblicherweise will man damit zu verstehen geben, dass jemand die eben gesprochenen Worte wiederholen soll. Oder aber es soll allgemein signalisiert werden, dass lauteres Sprechen erwünscht ist.

Das ist natürlich eine triviale Deutung dieser Geste. Wenn wir genau hinsehen, erkennen wir zwei sich nach außen hin öffnende Körperteile, die starkes Interesse signalisieren. Einerseits sieht man eine nach vorn gewölbte, offene Hand, und andererseits wird das Ohr für das Gegenüber symbolisch weit »aufgemacht«; so wird buchstäblich einer der menschlichen Sinne – der Hörsinn eben – geöffnet, um sich dem Gegenüber besser widmen zu können. Das muss unter Umständen gar nichts damit zu tun haben, dass wir den anderen akustisch nicht gut verstehen; vielmehr kann es auch bedeuten, dass wir ganz allgemein unsere Aufnahmebereitschaft zu erkennen geben wollen. »Ich interessiere mich für dich, deine Worte faszinieren mich« könnte der Untertitel dieser Geste sein. Sie passt damit gut zu anderen – allerdings mimischen – Phänomenen, die einen ähnlichen Charakter haben. Die Augen beispielsweise werden bei Interesse weit geöffnet, und die Pupillen – wenn man großen Gefallen an jemandem findet – weiten sich um eine Nuance. Ähnliches gilt für den Mund, der ebenfalls bei Interesse oft geöffnet wird, um das Staunen über eine Persönlichkeit, eine Neuigkeit oder über ein interessantes Thema zu bekunden.

Durch das symbolische Öffnen der Sinne nur einem Menschen gegenüber wird aber noch etwas bewirkt: Derjenige Mensch, dem unser gesamtes Interesse gilt, soll darauf vertrauen dürfen, dass der Rest der Welt für die gemeinsam verbrachte Zeit an Wichtigkeit verloren hat. Alle Sinne – insbesondere das Gehör und die Augen – haben dann für eine gewisse Zeit nur mehr ein Ziel ...

Tipp: *Lärmquellen gibt es leider immer mehr – und das nicht ohne Folgen; sollten Sie daher häufig diese Geste einsetzen müssen, weil Sie wirklich nichts verstehen können, lassen Sie Ihr Gehör untersuchen und vermeiden Sie starken Lärm.*

Da bin ich!

Einerseits kann man, wie bei der letzten Geste besprochen, Interesse bekunden, indem man sich und seine Sinne öffnet. Es kann aber natürlich auch passieren, dass wir unbedingt die Aufmerksamkeit anderer auf uns lenken wollen. Hier gibt es mehrere Möglichkeiten: laut rufen beispielsweise, auf eine Unterlage klopfen oder gleich den gesamten Körper aufrichten und gleichzeitig die Arme heben. So kann über große Distanzen signalisiert werden: »Hallo, sieh her, da bin ich.«

Da Menschen, die sich bewegen, schneller visuell erfasst werden als stillstehende, ist es kein Wunder, wenn das Armeheben auch häufig durch Hin- und Herbewegungen unterstützt wird.

Das Öffnen der Hände und das Aufrichten des Oberkörpers vermitteln neben der Signalwirkung aber auch ein Gefühl der Sicherheit. Jeder darf sehen, dass man »da ist«, unbewaffnet ist (also leere Hände hat) und auffallen will.

Verbunden mit dieser Geste wird auch ein Gruß; den rechten Arm in die Höhe zu strecken war ursprünglich eine römische Grußform, die später im Nationalsozialismus übernommen wurde. Die offene Hand galt als Zeichen absoluten Vertrauens unter »freien Menschen«. Der Gruß wurde bekanntermaßen von einem gesprochenen »Sieg Heil« oder »Heil Hitler« begleitet.

Dies wiederum geht zurück auf mittelalterliche Traditionen, wo der Gruß meist von einem »Gott gebe dir Heil« begleitet war. Das historisch so unangenehm belastete »Heil« wird trotzdem heute noch gebraucht: So kennen wir von Anglern das glückbringende »Petri Heil« und von Jägern das – für Tiere weniger glückbringende – »Waidmanns Heil«.

In vielen Parlamenten wird diese Geste aber noch für etwas ganz anderes gebraucht: Bei Abstimmungen werden die Abgeordneten aufgefordert, ihre Stimme in Form eines gehobenen Armes anzuzeigen. Heute werden vermehrt computergesteuerte Anlagen benutzt, die das früher übliche, mühsame Abzählen erleichtern. Schade eigentlich, denn durch häufiges Aufstehen und Armeheben werden wenigstens der Körper besser durchblutet und Nackenverspannungen gelöst. Die Geste ist daher mitunter auch eine gute Übung bei anstrengender Arbeit.

Tipp: *Wenn Sie wirklich auffallen wollen, erinnern Sie sich an die oben beschriebene Tatsache, dass bewegte Körper immer besser und rascher wahrgenommen werden als unbewegte.*

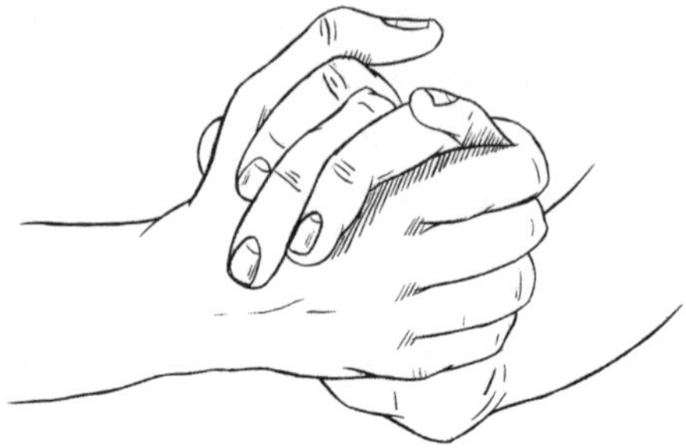

Mmmh!

Stellen Sie sich folgende Situation vor: Sie bekommen eine interessante Einladung zu einem Dinner zu zweit und betreten eine köstlich duftende Wohnung. Sie wissen noch nicht, was serviert wird und werden an den Esstisch gebeten. Als Ihr Gastgeber mit der Vorspeise den Raum betritt, reiben Sie sich in der Vorfreude unvermittelt die Hände und geben bewundernde Worte von sich.

Nun gibt es bei dieser Geste einige Möglichkeiten der Interpretation; in der eben beschriebenen Situation könnte man wohl meinen, es handle sich um ein symbolisches Händewaschen vor dem Essen. Dies wäre eine Möglichkeit, die einleuchtend klingt. Die Bewegung der Geste spiegelt aber auch etwas anderes wider: Man hat den Eindruck, der Gestikulierende will etwas abstreifen, sich unangenehmer und belastender Dinge entledigen, um sich auf Bevorstehendes, Schöneres vorzubereiten; auch dies könnte mit dieser symbolischen Reinigung gemeint sein.

Ganz eindeutig ist das letztlich in diesem Fall nicht zu klären. Denn theoretisch wäre das Reiben auch danach angetan, die Körperwärme zu steigern, um ein »warmes Klima« zu schaffen. Die Berührung der eigenen Hände könnte zusätzlich den Wunsch vermitteln, die Hände und die Wärme eines anderen Menschen zu erfahren. Das bedeutet, dass das Sich-selbst-streicheln gewissermaßen ein Defizit anzeigt, das beseitigt werden soll. Und dann kommt ein interessanter, neuer Aspekt ins Spiel: das Gefühl des Bedauerns, das dieser Geste ebenso zugesprochen wird.

Sie kennen sicher diese Aussprüche »Ich wasche meine Hände in Unschuld«, oder: »Er hat seine Hände in schmutzigen Geschäften.« Diese Redensarten zeigen auch in diesem Fall nachdrücklich, wie sehr wir die Hände und ihr Wirken als paradigmatisch für den gesamten Charakter eines Menschen verstehen. Das Reiben der eigenen Hände ist daher möglicherweise nicht nur der Versuch, uns selbst auf Neues, Freudvolles einzustimmen, sondern ebenso ein Versuch, andere auf uns einzustimmen, um Vertrauen schaffen zu können ...

Tipp: *Diese Geste ist stark von der jeweiligen Situation abhängig; das Handflächen-Reiben gemahnt ans Flehen, an Vorfreude und Interesse, aber auch an den Wunsch nach Berührung. Überlegen Sie daher gut, was Sie letztlich mit dem Einsatz der Geste vermitteln wollen.*

Kleine Freuden, grosser Dank – Freude, Triumph, Dankbarkeit

Kurz ist der Schmerz,
und ewig ist die Freude.

(Friedrich Schiller, aus »Die Jungfrau von Orleans«)

Die Freude flieht auf allen Wegen,
der Ärger kommt uns gern entgegen.

(Wilhelm Busch, aus »Balduin Bählamm«)

Die obigen Zitate sind gute Beispiele dafür, wie unterschiedlich Freude beurteilt wird. Ist es nicht so wie in der Liebe? Je mehr man sie erzwingen will, umso eher wird man scheitern. Wir wollen daher ein paar Gedanken ohne starres Gerüst anreißen und verwandte Gefühle wie Begeisterung und Triumph flankierend beleuchten.

Freude ist ein Geschenk

Freude ist dem Menschen buchstäblich in die Wiege gelegt. Schon in den ersten Lebenstagen kann ein Baby lächeln, wenn es von einem vertrauten Gesicht aufmunternd angeblickt wird. Das bedeutet, dass die Fähigkeit zur Freude angeboren ist. Ein Lächeln bedarf keiner Erklärung oder Deutung. Jeder Mensch beurteilt ein Lächeln in gleicher Weise. Es ist der bekannteste soziale Stimulus, den es gibt. Und auch die Gesten der Freude sind allgemein bekannt.

Dass Freude das ganze Leben lang einer der angenehmsten emotionalen Zustände ist, wissen wir aus eigener Erfahrung. Jeder Mensch möchte das Gefühl der Freude möglichst oft und dauerhaft erleben. Doch so sehr wir uns auch anstrengen, Freude stellt sich immer spontan ein und kann nicht geplant werden.

Häufig vermitteln uns bestimmte Tätigkeiten oder auch Wahrnehmungen dieses ganz besondere Gefühl. Aristoteles spricht in seiner »Nikomachischen Ethik« davon, dass Freude ausschließlich durch bestimmte Tätigkeiten zu erreichen sei, und zwar durch die sogenannten »tugendhaften Handlungen«. Ihr Ursprung liegt in der Vervollkommnung des Geistes und der Sittlichkeit, »denn wir sollen uns, so weit es möglich ist, unsterblich machen und alles tun, um dem Besten, was in uns ist, gemäß zu leben«.

Die moderne Psychologie kennt weitere Voraussetzungen für Freude, die Aristoteles nur ungenügend in Betracht zieht. Beispielsweise sind Menschen, die wir lieben und gerne unterstützen, eine stete Quelle der Freude, die uns im Glücksfall ein Leben lang begleiten kann. Viele werden zustimmend nicken, wenn wir die Freude als ansteckend bezeichnen. Welche Freude bereitet es uns, geliebten Menschen zu einem freudigen Gefühl zu verhelfen!

Genetische Faktoren spielen bei den Voraussetzungen für das Empfinden von Freude ebenso eine Rolle. Einige Genforscher sind davon überzeugt, das Potenzial zur Empfindung von Freude sei bereits im genetischen Code verankert.

Den »Glückspilzen« könnte so etwas wie eine grundsätzliche Affinität zur Freude und Gelassenheit unterstellt werden, die an das Chanson »La vie en rose« erinnert. Sie empfinden einfach alles schöner und positiver, als es bei nüchterner Betrachtung vielleicht aussehen mag. Menschen, die von sich selbst behaupten, viel Freude am Leben zu haben, ist meist eines gemeinsam. Sie sind in der Lage, sich an den »kleinen Dingen« des Lebens zu erfreuen. Etwa an einer von Tautropfen überzogenen Rose oder am freudigen Wedeln eines vorbeispazierenden Hundes. Und es ist sicher diese Gruppe von

Menschen, die am ehesten als glücklich bezeichnet werden kann.

Obwohl die Begriffe Glück und Freude semantische Unterschiede aufweisen, kann man doch davon ausgehen, dass ein glücklicher Mensch auch gleichzeitig die idealen Voraussetzungen für häufigere Erlebnisse der Freude hat.

Was kann Freude?

Freude wirkt nicht nur durch eine kurz oder lang andauernde positive Stimmung und Einstellung zur Welt, sie bereichert unser Dasein. Sie erhöht die Genussfähigkeit und ermöglicht uns, Dinge oder Mitmenschen so zu akzeptieren, wie sie eben sind. Freude befähigt uns zu einem starken Gefühl von Harmonie zwischen uns und dem Rest der Welt. Sie verstärkt dadurch ganz allgemein ein anderes, in diesem Buch bereits besprochenes Gefühl: das Interesse an Dingen oder Menschen.

Die signifikanteste mimische Geste der Freude ist unbestreitbar das Lächeln. Es wird bei der Bekundung von Interesse an einem Menschen immer eine wichtige Rolle spielen, denn ein Lächeln wirkt immer ermutigend, stimmt uns versöhnlich, friedlich und ist wahrscheinlich eine der besten Heilmethoden für eine »traurige Seele«.

»Blicke hinter dich und bedenke, dass du ein Mensch bist«

Freude setzt aber noch ganz andere Potenziale frei. Sie stärkt uns durch enorme Vitalität und gibt uns das Gefühl von Überlegenheit, großem Selbstvertrauen und grenzenloser Freiheit.

Durch diese Mischung entsteht unter Umständen eine emotional gefährliche Mischung, der mit Vorsicht zu begegnen ist. Freude existiert oft genug auch dort, wo sie auf Kosten anderer geht. Die Freude an der Macht beispielsweise entspringt dem Gefühl, andere zu übertrumpfen und steht im deutlichen Gegensatz zu einer konstruktiven, positiven Freude. An diese Tendenz schließt auch das Gefühl des Triumphes an, das nun näher erläutert werden soll.

Triumphieren bedeutet immer über jemanden oder etwas zu siegen. Es liegt auf der Hand, dass bei diesem Kampf immer auch ein Besiegter oder eine Besiegte existieren muss.

Die in diesem Kapitel präsentierten Gesten zeigen daher nicht zufällig, wie sehr die Aggression beim Triumph ihre versteckten Fäden zieht. Häufig werden beim Triumphieren beispielsweise die geballten Fäuste in die Höhe gestreckt. Es verwundert daher wenig, dass die Geschichte des Triumphes kriegerische Wurzeln hat.

In der römischen Antike war es Brauch, dass der siegreiche Feldherr auf ganz besondere Art feierte: mit einem Triumphzug. Der Triumphator fuhr dabei in einem Wagen – von vier Pferden gezogen – eine festgelegte Strecke, und das Volk jubelte ihm zu. Auf diesem Wagen stand hinter dem gefeierten Triumphator ein Sklave, der als Warnung vor zu großer Euphorie dem Helden folgende Worte – sinngemäß übersetzt – unablässig zurief: »Blicke hinter dich und bedenke, dass du ein Mensch bist.« Das Fest nach dem Triumphzug dauerte meist viele Tage, doch sollte dieser Gedanke stets präsent sein, um eindringlich vor allzu großer Überheblichkeit zu warnen. Gerade in euphorisch-freudiger Stimmung könnte man die Realität verkennen und von zu großen Emotionen übermannt werden.

Extreme Freude nach einem Sieg nimmt unser ganzes Bewusstsein in Beschlag und verstellt manchmal den Blick auf das Ganze. Die alten Römer mahnten nicht zufällig, eigene Grenzen zu erkennen und für eine geglückte oder siegreiche Unternehmung auch entsprechende Dankbarkeit zu zeigen.

Jane

Keiner im Dorf wusste, warum und woher Jane gekommen war und die heruntergewirtschaftete Tankstelle gepachtet hatte. Die Frauen zischten giftig, wenn von ihr die Rede war, sie wäre verrückt, verworfen, und überhaupt wäre das Tankstellengeschäft Männerarbeit. Die männlichen Dorfbewohner schwiegen. Normalerweise wäre die neue Pächterin Anlass zu Aufruhr und derben Späßen gewesen. Doch Jane ließ die groben Burschen sanft werden, statt zotiger Witze brachte man ihr leise Achtung und Respekt entgegen. Keiner hätte zu sagen vermocht, wodurch Jane die rauhen Kerle in Lämmer verwandelte. Selbst Jane wusste es nicht. Sie versorgte das Geschäft allein. Oft war über Stunden nichts zu tun.

Im Sommer, als die Julihitze über der Landschaft brütete und den bröckeligen Asphalt zum Flirren brachte, saß Jane tagsüber draußen auf der Holzveranda in einem alten Lehnstuhl. Ein großer Strohhut verdeckte Augen und Nase, abgeschnittene Jeans ließen ihre sonnengebräunten Beine sehen. Jane döste vor sich hin. Es war nicht das dumpfe Dösen eines Hundes, eher das Augenschließen einer Katze, Geräusche und Gerüche dabei konzentriert wahrnehmend. Jane sog den Benzingeruch in die Nase; sie hatte den scharfen Duft gern, auch wenn sie davon manchmal Kopfschmerzen bekam.

Sie liebte es, wenn nach stundenlanger Ruhe ein Auto den Kies der Einfahrt aufwirbelte und der Wagen mit lautem Getöse vor ihr zum Stillstand kam. Die Gewissheit, dass der Kunde nach spätestens zehn Minuten wieder verschwunden war, schien ihr die größte Freiheit auf Erden. Manchmal plauderte sie mit einem Lenker über die Benzinpreise, eine Reiseroute oder das Wetter. Und obwohl beinahe jeder, der an Janes Tankstelle anhielt, bemerkte, dass hier eine ungewöhnliche Frau Treibstoff verkaufte und Windschutzscheiben polierte, war jeder Einzelne allzu vertieft in sein kleines

Leben, als dass er sich näher mit Jane beschäftigt hätte. So hatte sie es ja geplant. Ihre Rechnung schien aufgegangen zu sein. Das Telefon läutete nur noch, wenn jemand eine Autopanne hatte oder Lieferanten die ausständigen Rechnungen einmahnten. Beides kam selten vor.

Die rostige Glocke an der Außentür läutete ebenfalls nur, wenn ein Kunde Hilfe brauchte. Keine Freunde, keine Verwandten, keine Bekannten betätigten die Klingelschnur. Der nächste Nachbar war fünf Kilometer entfernt und verhielt sich distanziert, schon um Ärger mit seiner Frau aus dem Weg zu gehen. Jane aß, wenn sie Hunger hatte, sie trank, wenn sie durstig war. Sie legte sich aufs Bett, wenn sie sich müde fühlte. Oft ging sie in den nahe gelegenen Wald und marschierte vier, fünf Stunden drauflos, um danach mit schweren Gliedern ins Bett zu fallen. Dann lag sie auf ihrem schneeweißen Leintuch, den Polster in den Nacken gerollt, auf dem Rücken und spürte ihre erhitzten Füße, die Wärme in ihren Waden, ihren Oberschenkeln und die entspannten Muskeln entlang der Wirbelsäule. Janes Haus war sehr klein, von außen deckte sich der Eindruck der Verfallenheit mit dem des Tankstellen-Kobels. Doch die Inneneinrichtung hatte sich Jane manches kosten lassen. Rötlich schimmerte das Parkett aus Kirschholz gegen abgelaugte Weichholzmöbel im zypriotischen Stil. Die Wände hatte sie weiß kalken lassen, das Bett war mit einem hohen Baldachin versehen, von dem zarte Musselin-Bahnen herunterhingen. Die Stereoanlage hatte sie ein halbes Vermögen gekostet, ebenso die Extravaganz im Bad, ein steinernes Viereck in den Boden eingelassen. Helle Stufen führten in das etwa ein Meter tiefe Wasser.

Wenn Jane badete, benötigte sie mindestens drei Stunden. Zu allererst schrubbte sie unter der lauwarmen Dusche das Motoröl, die Benzinflecken und den Straßenstaub mit einer groben Bürste vom Körper. Dann wusch sie ihr kurzes, gewelltes Haar mit Zitronenshampoo und knetete Olivenöl hinein. Nach einem letzten kühlen Guss stieg sie in das warme, von Badeölen weiche Wasser des Steinbeckens. Spielerisch ließ sie Kornblüten und die Blätter wilder Rosen auf der Wasseroberfläche schwimmen. Manchmal warf sie auch große, glatte Steine hinein und sprang mit lautem Lachen hinterdrein. Ihr Körper war wieder muskulös geworden, die Haut geschmeidig und weich. Die Schwächeanfälle und die harten Züge um den Mund waren verschwunden, sie blickte oft in den Spiegel und lächelte sich zu, gedankenverloren und zufrieden.

Jane hatte seit vielen Monaten keine Zeitung oder Illustrierte mehr aufgeschlagen. Die Tage verrannen wie Sand. Da sie auch am Wochenende offen hielt, war es nicht mehr wichtig, welchen Namen die Tage trugen. Die Zeit dehnte sich und passte sich nunmehr ihrem Rhythmus an. Sie erinnerte sich nur in sehr kurzen Momenten an ihr vollgeschriebenes schwarzledernes Notizbuch, das ihre Tage in der Stadt bestimmt hatte. Nun kam sie mit einem Stehkalender aus, der für dienstliche Zwecke spärliche Eintragungen enthielt. Auf ihren langen Spaziergängen murmelte sie manchmal mit sich selbst. Die meiste Zeit aber schwieg sie, als hätte sie niemals sprechen gelernt.

Die Kundenglocke läutete, als Jane gerade einen jungen Maulbeerbaum auf dem Wiesenstück hinter dem Haus pflanzte. Sie hatte kein Motorengeräusch gehört. Langsam band sie die Schnur, die dem Bäumchen Halt geben sollte, zu einem Knoten und schlenderte zur Vordertür.

An einer der Zapfsäulen lehnte ein junger Mann, neben ihm ein altes Motorrad. Der Tank war leer. Von der Anstrengung, die Maschine den Hang hinaufzuschieben, war sein Hemd schweißnass geworden. Jane öffnete den Tankdeckel ohne den Burschen zu grüßen; sie lächelte kurz und schob den Zapfhahn in die Tanköffnung. Während sich der Tank füllte, fiel ihr Blick auf die hellblonden Härchen seiner sonnengebräunten Arme. Seine Hände waren entspannt. Männer- und Frauenhände fielen ihr ein, wie durch einen Schleier sah sie Finger schnippen, Fingerkuppen auf den Tisch trommeln, Hände winken, geballte Fäuste durch die Luft stoßen. Zum ersten Mal kam ihr zu Bewusstsein, dass sich die Hände der Menschen, mit denen sie in der Stadt gelebt hatte, ständig in rastloser Bewegung befunden hatten. Sogar die Alten drehten unruhig Däumchen oder strichen in monotonen Bewegungen an Oberarm oder Schenkel entlang, als müssten sie sich unentwegt selbst beruhigen, weil es sonst keiner tat. Diese Hände waren anders. Sie waren äußerst muskulös, aber so ruhig, als würde der Mann schlafen.

Sie schraubte den Deckel zu und wies auf die Preisanzeige auf der Zapfsäule. Er nahm sein Portemonnaie aus der Hosentasche und zählte lautlos die Scheine ab. Als sie das Geld nahm, sah sie ihn sein Gesicht. Ernst blickten seine grünlichbraunen Augen. Sie gab ihm das Wechselgeld heraus und kehrte zurück zu ihrem Maulbeerbäumchen. Unwillkürlich wartete sie auf das Brummen der Maschine und das kratzende Geräusch fliegender Steinchen, aber es blieb ruhig. Die Sonne brannte herunter, und sie schob den Hut in den Nacken. Ein Windstoß hob den gelockerten Strohhut von ihrem Kopf und trieb ihn vor sich her, quer über den Garten. Sie stand auf, dehnte ihre Schultern und wollte den Hut wieder aufheben, als ein schmaler Schatten ihren Weg kreuzte. Der junge Mann mit den ernsten Augen fasste den Hut an der Krempe und streckte ihn ihr entgegen. Als auf ihr »Dankeschön« keine Antwort kam, fiel ihr auf, dass er noch kein Wort gesprochen hatte. Sie fragte: »Bier?« Er nickte.

Sie saßen auf der von Regen und Sturm verwitterten Holzbank und leerten jeder eine Dose kühles Bier. Er bot ihr eine Zigarette an, sie schüttelte den Kopf, dankbar, dass nichts mehr in ihr nach dieser dummen Gewohnheit verlangte. Sorgsam packte er die Schachtel wieder weg, ohne sich selbst eine anzuzünden. Sie wollte nicht wissen, warum er hier bei ihr saß, ebenso war sie völlig desinteressiert daran, was er beruflich tat, woher er kam, in welchem

Sternzeichen er geboren war oder welche Musik er bevorzugte. Jane betrachtete seine Hände, die halb geöffnet in seinem Schoß lagen. Rein äußerlich war nichts Besonderes zu erkennen, es waren gebräunte, starke Hände mit kräftigen Fingernägeln, die große, helle Monde zeigten. Wenn die Bezeichnung Aura irgendwohin passte, dann wohl zu diesen Händen, dachte Jane.

Sie ging ins Haus und schnitt ein paar Scheiben Brot vom Laib, packte Radieschen, Schnittlauch, Zwiebeln, Schinken und Käse sowie einen Krug kalter Milch auf ein Tablett und kehrte damit zurück. Sie aßen von runden Holzbrettchen und es tat wohl. Keiner sprach. Die Vögel waren leiser geworden, wie immer, wenn sich die Dämmerung langsam über das Land legte. Er trank drei Gläser Milch und sah sie an. Alles, was seiner Meinung nach gesagt werden musste, erledigte er gestikulierend, unauffällig und mit einer Selbstverständlichkeit, als würden alle Menschen bloß mit den Händen reden. Niemals zuvor war ihr die Entbehrlichkeit von Worten so deutlich geworden. Geahnt hatte sie es schon lange, aber durch diesen Mann wurde das undeutliche Gefühl zur Gewissheit. Der Wind fing sich in den Ästen der Linde und spielte mit den Blättern. Er sah hinauf, als würde er einer Melodie lauschen.

Die Nacht verbrachte er im kleinen Schuppen neben dem Haus. Jane hatte ihn als kleines Atelier eingerichtet mit einer Staffelei, Tisch und Sessel und einem alten Messingbett. Sie war nie zum Malen gekommen, es genügte ihr, die Farben und Pinsel zu betrachten und sich vorzustellen, was sich daraus ergeben könnte. Die beiden Leinwände waren weiß geblieben.

Als der Morgen sich durch das Miauen einer Katze und übereifriges Meisen-Gezwitscher ankündigte, erwachte sie mit ungewohnter Nervosität. Irgendetwas hatte sich verändert, hatte ihr gleichmäßiges Leben eine Spur verrückt. Der Mann im Schuppen. Sie rieb sich den Schlaf aus den Augen und kochte Tee für zwei. Als sie an seine Tür klopfte, rührte sich nichts. Wahrscheinlich ist er bereits weg, dachte sie und wusste nicht, ob dies als Anlass zur

Beruhigung oder zur Besorgnis zu werten war. Sie reckte ihren Kopf und sah das Motorrad an der Seite des Schuppens lehnen. Er war also noch da. Sie stellte das Brett mit Tee und Honigbrot vor die Tür, setzte sich daneben ins leicht feuchte Gras und wartete, während sie den heißen Tee schlürfte. Etwa nach einer Stunde öffnete sich die Tür. Er stand im Türrahmen, erfrischt, als hätte er eben eiskalt geduscht und wäre bereits seit Stunden wach. In seinen Augen stand ein zärtliches Lächeln, das Janes Härchen auf den Armen sich aufrichten ließ. Dankbar nahm er die Brotschnitte entgegen, setzte sich neben sie und kaute bedächtig.

Die nächsten Tage verliefen wie alle vorherigen, mit der einzigen Ausnahme, dass nun ein Zweiter die wortkargen Stunden mit ihr teilte. Manchmal bediente er die Kunden, sie wechselten sich ab, ohne vorherige Absprachen. Niemals betrat er ihr Haus. Er respektierte ihr Revier instinktiv wie ein Tier. Aber die Wiese hinter dem Haus gehörte ihnen. Sie berührten sich nicht, und doch war es Jane, als widerführe ihr die intensivste Liebesgeschichte ihres Lebens.

Eines Abends, als sie gegessen hatten und ausnahmsweise auf der vorderen Veranda saßen, konnte sie sich des Eindrucks nicht erwehren, dass er ihr etwas sagen wollte. Kurz befiel sie ein sanfter Schreck, seine Stimme würde alles zerstören. Doch er blickte nach oben, wo die ersten Sterne zu strahlen begannen, und senkte sein Gesicht. Langsam bildete seine Hand eine flache Schale, und er führte seine Lippen an das Fleisch seiner Handinnenfläche. Jane atmete gleichmäßig, sie wusste, in diesem Kuss lagen die Sterne, der Wald, die Wiesen und Bäche der Umgebung. Er ließ die Hand ein Stück sinken, sah ihr in die Augen und blies den unsichtbaren Kuss gegen ihr Gesicht.

Wenn Jane in den vergangenen Monaten auch nur einen Augenblick daran gedacht hatte, ihr neues Leben aufzugeben und in die Stadt zu ihrem alten Beruf als Immobilienmaklerin zurückzukehren, so hatte diese Geste ihr den letzten Zweifel genommen. Sie würde bleiben. In reiner Freude streckte sie beide Arme nach oben, ballte ihre Hände zu straffen Fäusten und stieß ihren Triumph gegen die tiefblaue Kuppel des Sommerhimmels.

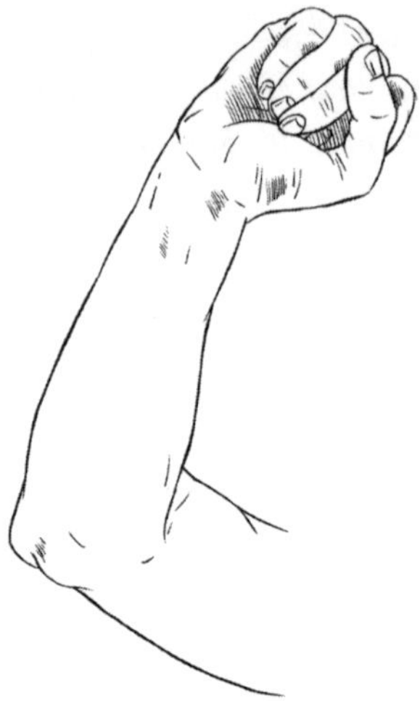

Gewonnen!

Schon in der theoretischen Beschreibung des Triumphes wurde auf seine kriegerischen Wurzeln hingewiesen. Es ist daher nahe liegend, dass bei einer Geste des Triumphes Fäuste gezeigt werden, um zu signalisieren: »Ich habe gesiegt, und du hast verloren.«

Die Fäuste werden dabei meist mit der Innenhand und nicht mit dem Handrücken nach außen präsentiert: Sonst wäre es eine drohende Gebärde, die eher bei großem Ärger und weniger nach einem Sieg angebracht wäre.

Etliche Sportler sind für diese Geste bekannt, wie zum Beispiel Thomas Muster oder Boris Becker; diese Sportler strecken in der Regel die rechte Faust in die Höhe, um ihren Jubel zu zeigen.

Ursprünglich haben im Sport auf diese Weise nur Boxer die Fäuste emporgereckt, um nach einem Kampf ihre Stärke zu demonstrieren. Immer wieder kann man nach Boxkämpfen beobachten, wie selbst klare Verlierer diese Geste trotzig zeigen und dabei erleichtert ins Publikum lächeln.

Diese Erleichterung ist ein wesentlicher Faktor in der Dynamik dieser Geste: Zuerst gibt es eine Phase der hohen Anspannung – und dann folgt eine Entladung, die sich explosionsartig Ausdruck verschafft.

Denken Sie nur an ein Fußballspiel: Nach einem Treffer schnellen auf einmal tausende Menschen gleichzeitig hoch, um im Taumel des Triumphes aufzuschreien. Das Phallisch-aggressive am Sport und am Siegen wird dabei deutlich; die häufigen Ausschreitungen auf dem Fußballplatz zeigen gut, dass es nicht nur um Sport geht, sondern ebenso um das archaische Gefühl des Triumphes.

Wir kennen diese Geste noch von einem weiteren Bild: Die nach oben gestreckte Faust ist auch das Symbol der Schwarzen-Bewegung »Black Power«, die das Selbstbewusstsein aller Schwarzen symbolisieren soll. In der Öffentlichkeit wurde diese Geste erstmals bei der mexikanischen Olympiade 1968 durch den amerikanischen Sprinter Tommie Smith gezeigt. Endgültig berühmt geworden ist diese Geste durch Nelson Mandela, als er 1990 im Zug seiner bewegenden Tour durch Amerika und Europa immer wieder diese Geste des Triumphes und wohl auch Stolzes zeigte.

Tipp: *Denken Sie bei dieser Geste immer auch an die Kränkung des Verlierers, der dadurch zusätzlich geschmäht wird.*

Victory!

Üblicherweise wird das Victory-Zeichen mit der Handinnenfläche nach vorne gezeigt. Es wurde vom belgischen Anwalt Victor de Lavelaye am 14. Januar 1941 als Symbol des Aufstandes gegen die Nazis in die Welt gerufen. Jeder kennt den Mann, der mit dieser Geste berühmt wurde: Winston Churchill. Jedoch erstaunt es den kundigen Betrachter, dass Churchill auf Photos eine weitere Variante dieser Geste in die Kamera zeigt, die einen ganz anderen Hintergrund hat: Dabei wird das V-Zeichen mit dem Handrücken nach vorne präsentiert. Und dieses Zeichen hat einen besonders interessanten historischen Ursprung.

Aus der Zeit des Hundertjährigen Krieges hält sich eine Anekdote über die Entwicklung dieser Geste: 6.000 nur mit Pfeil und Bogen bewaffnete Engländer kämpften 1415 bei der Schlacht von Azincourt gegen eine 25.000 Mann starke französische Armee aus Rittern und Fußsoldaten. Siegessicher drohten die Franzosen mit dem Abhacken der zwei Bogenfinger. Doch es kam alles anders: Die englischen Bogenschützen hatten bessere Karten und gewannen die Schlacht. In der Folge trieben sie ihre Gefangenen durch das Lager und präsentierten mit Häme ihre unversehrten Bogenfinger – mit dem Handrücken nach außen. Das erste – allerdings beleidigende – Victory-Zeichen war geboren.

Die Victory-Geste von Victor de Lavelaye ist mittlerweile fast auf der ganzen Welt bekannt. Leider gibt es immer noch Kriege, die das Zeigen dieser Geste scheinbar rechtfertigen: Während des Krieges in Jugoslawien beispielsweise wurde den ausländischen Fernsehkameras von allen Seiten das Victory-Zeichen entgegengestreckt. Die Siegesgeste dient somit gleichzeitig auch als Geste der Hoffnung und des Trotzes in einer aussichtslosen Situation. Sie übernimmt dabei die Funktion einer letzten noch verfügbaren Waffe: das Zeigen zweier nackter Finger.

Tipp: *Hüten Sie sich davor, einem Engländer das »V« mit dem Handrücken nach vorne zu zeigen. Da die wenigsten die historische Dimension kennen, ist Ihnen der Zorn eines Briten sicher. Denn häufig wird mit dieser Geste eine vulgäre Beleidigung assoziiert: Das »V« steht dann für die gespreizten Beine bzw. das Schamdreieck einer Frau, die dem Betrachter nahe steht.*

Alles o.k.

Unter Tauchern gibt es ein Zeichen, das alle paar Minuten untereinander gegeben wird, um zu signalisieren, dass es keine Probleme mit dem Sauerstoff und dem Wohlbefinden gibt und dass die Gruppe weiter tauchen kann. Schließlich gibt es unter Wasser außer der Gestik keine Möglichkeit der Kommunikation. Bei Tauchern wird diese Geste weltweit verstanden. Ansonsten liegt der Fall ein wenig komplizierter.

Grundsätzlich bedeutet diese Geste ein positives, begeistertes »Alles passt, alles ist perfekt«. Sie stellt einerseits durch Daumen und Zeigefinger das O von O.K. dar, während die restlichen drei Finger für die drei Geraden des K stehen. Das O könnte man zusätzlich auch als Kreis wahrnehmen; eine vollendete und geschlossene Figur, die gut zu dieser Geste passt.

In lateinamerikanischen Kulturen wird diese Geste jedoch als grobe Beleidigung verstanden. Das mit der Hand geformte Loch steht in diesem Zusammenhang für etwas ganz anderes als für ein O ... Es steht für ein brutales »Fuck you« und sollte daher unbedingt – beispielsweise in Brasilien – vermieden werden. Aber auch in anderen Regionen – vor allem südlicheren wie Italien, Griechenland oder der Türkei – wird dieses Zeichen vom Betrachter meistens als weibliches Genital gedeutet; und besonders dann, wenn der geformte Kreis eine Auf- und Abbewegung vollführt, wird derjenige, dem die Geste gilt, mit großer Wut antworten.

In Frankreich wiederum bedeutet dieses Zeichen schlicht die Zahl 0 oder auch so viel wie »wertlos«, »bedeutungslos«. Zur Unterstützung der Geste wird meist eine entsprechende Mimik eingesetzt, die keinen Zweifel an der demonstrierten Geringschätzung aufkommen lässt.

Die O.K.-Geste deuten die Japaner jedoch auf Grund der dargestellten runden Form ein bisschen anders: Sie sehen sie nämlich als Zeichen für Geld; schließlich erinnert die runde Form auch an Münzen, die im asiatischen Raum eine besonders lange Tradition haben. Aber auch Münzen und Geld sind bekanntlich, solange man sie zur Verfügung hat, ziemlich o.k.

Tipp: *Vermeiden Sie unbedingt im lateinamerikanischen Raum oder in anderen südlichen Regionen diese Geste; die Reaktionen könnten für Sie mehr als unangenehm werden.*

Gerettet!

Besonders nach dem Erleben von wirklich brenzligen, traumatischen Situationen passiert Folgendes: Durch die heftige seelische Erregung wird sich die erlebte Angst durch rasch abgesonderten Schweiß (den Angstschweiß) bemerkbar machen, der auch auf der Stirn austritt. Die Angst, die durch diese Schweißabsonderungen deutlich wird, soll durch die gezeigte Geste symbolisch weggewischt werden. Natürlich kann auch von Fall zu Fall tatsächlicher Schweiß entfernt werden, doch entscheidend ist vielmehr, dass der Geängstigte einer prekären Situation gerade noch entkommen konnte: Denn in dem Moment, in dem er Zeit hat, sich die Stirn zu wischen, muss die Gefahr bereits gebannt sein, sonst hätte der Betroffene gar nicht die Nerven und die Ruhe für das Ausführen dieser Geste.

Verräterisch ist die Plazierung dieser Geste: Diese wird manchmal so tief ausgeführt, dass dadurch gleichzeitig die Augen kurz verdeckt werden. Der Druck der eben erlebten Situation war dann offenbar so groß, dass das Bedürfnis entsteht, die Augen zu schließen, um von der Welt kurz Abstand zu nehmen. Das eben Erlebte wird reflektiert, und man verspürt möglicherweise große Dankbarkeit dafür, einer Gefahr entronnen zu sein. Mit dem Öffnen der Augen erhofft man wieder eine ungefährliche, Geborgenheit spendende Welt zu entdecken.

Bei stark beängstigenden Situationen liegt der Sinn der Geste auch darin, tatsächlichen Schweiß nicht in die Augen tropfen zu lassen, was bekanntlich unangenehme Folgen hat.

In den meisten Fällen geht es jedoch sicher darum, das Erlebte und die diesbezüglich verbliebenen Gedanken aus dem Kopf – oder besser aus dem Gedächtnis – zu bekommen. Ob dabei die Innen- oder Außenseite der Hand zur Stirn geführt wird, ist nicht entscheidend. Entscheidend ist nur eines: dass das eben Erlebte nie wieder vorkommen möge ...

Tipp: *Oft genug hat man Angst vor Situationen oder Personen, die einem objektiv betrachtet nichts oder nur wenig anhaben können. Versuchen Sie zu hinterfragen, welche wahren Motive hinter Ihrer erlebten Angst stehen.*

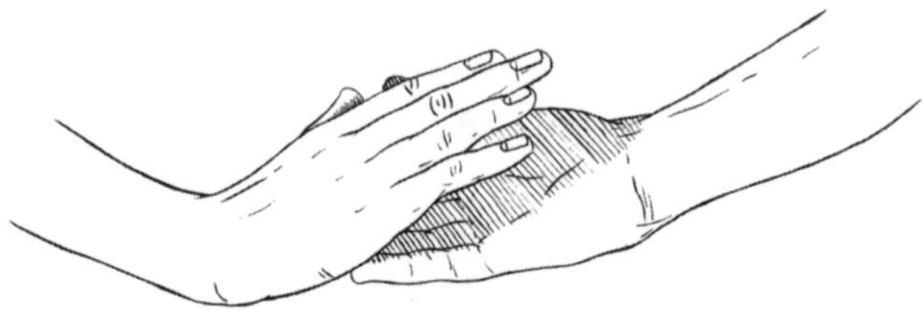

Gimme five

Das gegenseitige Abklatschen der erhobenen Hände wird im Bereich des Sports als Zeichen eines gelungenen Spiels und der entsprechenden Gratulation gesetzt. Denn dort, wo das normale Händeschütteln für überwältigende Freude nicht mehr ausreicht, ist eine buchstäblich kräftigere und für alle Zuseher sichtbare Geste gefragt.

Dieses Zeichen des Glückwunsches kommt aus Amerika; es wird dort als »high five« bezeichnet. Ursprünglich aus dem Baseball kommend, findet sich diese Geste immer mehr in anderen Sportarten und auch im Alltagsleben – vorwiegend von Männern eingesetzt, die durch die Kraft der Schläge ihre Männlichkeit zum Ausdruck bringen wollen.

Durch die starke Verbreitung entstanden nach und nach verschiedene Versionen dieser Geste, bei denen abwechselnd die einander grüßenden oder gratulierenden Personen die Hände aufhalten, damit der jeweils andere seine Hand darauf klatschen kann.

Dabei zeigen sich die oft recht widersprüchlichen Gefühle der Beteiligten: Auf der einen Seite steht das Verschmelzen zweier Menschen durch das Klatschen. Andererseits sagten das Erheben der Arme und das gegenseitige kräftige Klatschen auch: »Bis hierher und keinen Schritt weiter!« Die enge Verwandtschaft zwischen Klatschen und Schlagen liegt auf der Hand, denn in beiden Fällen sucht angestaute Spannung nach einer raschen und impulsiven Entladung. Wie sehr die Aggression manchmal im Vordergrund steht, merkt man beispielsweise bei der Begrüßung zwischen Bodybuildern, die mit dem »Abtasten des Gegners« gleich klarstellen wollen, wer der Stärkere ist. Dabei werden die Hände oft mit einer derartigen Kraft gegeneinander geschlagen, dass zwangsläufig Schmerzen entstehen müssen, die natürlich nicht gezeigt werden dürfen. Weitere Schläge auf Schultern oder Wangen komplettieren die oft langatmige Begrüßungszeremonie und bedeuten die Vorwegnahme der immer latent vorhandenen Aggression zwischen den Grüßenden, indem unbewusst gleich zu Beginn des Treffens klargestellt wird: »Ich schlage auch zu, wenn es sein muss!«

Tipp: *Verwenden Sie diese Geste dort, wo sie hingehört: auf dem Sportplatz. Das übertrieben starke Abklatschen wirkt im Alltag nämlich eher lächerlich.*

Komm an meine Brust

Die erste Umarmung im Leben eines Menschen hat in der Regel die Mutterbrust zum Ziel. Diese wird vom Säugling eng mit beiden Händen umklammert, um an die begehrte Muttermilch zu gelangen. Die Brust ist in dieser Zeit ein prägender Faktor für die Psyche des Kindes und wird gleichgesetzt mit Nahrung, Geborgenheit, Wärme und Mutterliebe.

Aus dieser Sicht ist es leicht verständlich, dass wir uns auch später mit den Armen und Händen öffnen, um andere an unsere, aber auch uns selbst an eine andere Brust zu bringen. Dort ist man nahe dem Herzen eines geliebten oder gut gelittenen Menschen und kann mit dem anderen beinahe so verschmelzen wie als kleines Kind mit der Mutter. Diese Geste und der Wunsch nach Verschmelzung bedeuten deswegen mehr als nur ein »Ich will dich herzen«. Hinzu kommen Phantasien des Verschlingens und Einverleibens, die in der Psychoanalyse als »orale Wünsche« bezeichnet werden und uns deutlich an die von Freud postulierte orale Phase des Säuglings erinnern.

Vielleicht haben Sie es selbst schon erlebt: Nicht jede Umarmung wird als angenehm erlebt, und man merkt in diesen Fällen schnell, dass uns jemand möglicherweise zu schnell und zu übertrieben »ganz für sich alleine haben will«. Nicht zufällig heißt es dann, jemand »klammert sich an einen anderen«. Menschen mit solch starken symbiotischen Bedürfnissen tendieren zu einem unersättlichen Bedürfnis nach Körperkontakt und erdrücken nicht selten ihre Partner durch dieses Zuviel an geforderter Zuwendung. Betrachtet man die Geste etwas genauer, fällt auch auf, dass durch das Öffnen der Arme und Hände auf sich selbst verwiesen wird, nicht nur auf den anderen. Der Betrachter soll auf die Bedürfnisse des Gestikulierenden aufmerksam gemacht werden.

Ist jedoch der andere traurig oder verzweifelt, wird das Öffnen auch symbolisch eingesetzt für »Komm her, ich tröste dich, ich kann dich verstehen«. Die meisten Umarmungen sind ein Bedürfnis des Herzens, ein Zeichen der Freude und Zuneigung, das man genießen sollte, ohne es zu hinterfragen.

Tipp: *Vertrauen Sie Ihrem Gefühl. Wenn Ihnen danach ist, umarmen Sie die Menschen, die Sie lieben und schätzen. Die Sehnsucht nach Körperkontakt und Zärtlichkeit verspüren nicht nur Kinder, sondern alle Menschen.*

Abgelehnt! – Ablehnung, Ekel, Langeweile

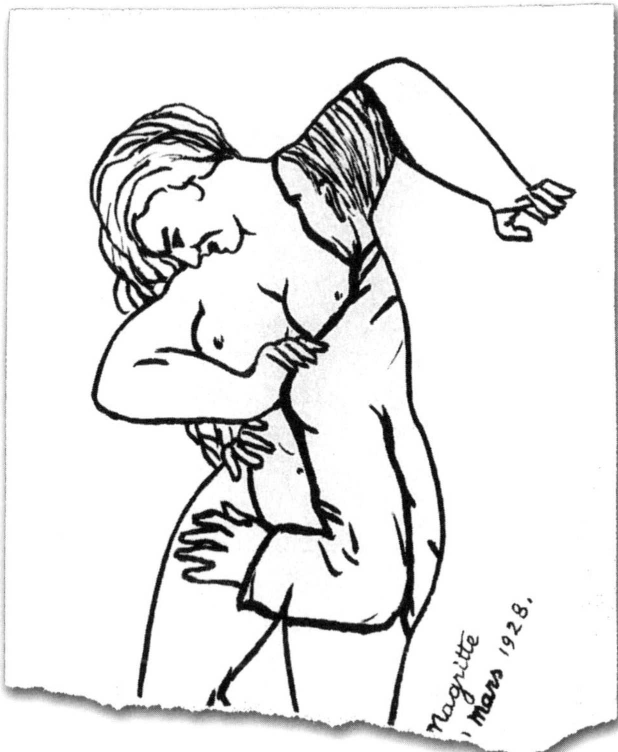

»Vielen gefallen ist schlimm«, meinte Schiller und zeigte so die Einsicht, dass es keine Garantie für die Güte der eigenen Arbeit ist, wenn sie vielen gefällt. Die Stärke, aus der Ablehnung einer Menschenmasse sogar Genuss und Bestätigung zu gewinnen, ist nicht jedem gegeben. Abgelehnt zu werden ist für die meisten Menschen ein besonders beschämendes Erlebnis. Denn zu tief verankert ist das Bedürfnis, so akzeptiert und geliebt zu werden, wie wir sind. Jedes Kind will von seiner Mutter geliebt werden. Es wünscht sich während dieser ersten und am meisten prägenden Liebe ständige Zeichen, Gesten und Worte der Zuwendung und Akzeptanz.

Werden diese Wünsche auch überwiegend erfüllt, kommt dennoch unweigerlich einmal der Punkt, an dem die Bedürfnisse des Kleinkindes nicht sofort befriedigt werden können. Die Mutter kann ihr Baby nicht jederzeit und sofort füttern. Sie wird dem Kleinkind nicht erlauben, spät Nachts noch auf zu sein und muss daher Grenzen setzen. Das Kind erlebt zum ersten Mal ein Gefühl, das ihm später immer wieder begegnen wird: das Gefühl der Ablehnung. Ist diese »Grenzensetzung« aber mit einem liebenden Mutterherz verbunden, wird das Kind mit der Zeit lernen, Schranken und kurzfristige Zurückweisungen zu akzeptieren.

Der erste Eindruck

In wenigen Sekunden entscheiden wir darüber, ob uns jemand sympathisch oder unsympathisch ist. Unsere Sinne – vor allem die Augen – tasten das Gegenüber ab und beurteilen mehrere Faktoren. Aussehen, Alter, Herkunft, sozialer Status, Bildung, Gesundheit, Gepflegtheit und vieles andere überprüfen wir automatisch, um rasch zu einem Urteil zu gelangen: angenommen oder abgelehnt. Ein Gesetz scheint unumstößlich: Je ähnlicher uns ein Mensch in Kultur, Religion, Abstammung und Aussehen ist, umso eher wird er unsere Sympathie erlangen können.

In Amerika gilt diesbezüglich der Leitsatz: »You never get a second chance to make a first impression.« Wenige Fehler dürfen wir uns bei neuen Kontakten erlauben. Die sozialen Regeln sollten eingehalten werden, dazu gehören auch eingelernte Gesten, wie etwa das richtige Händeschütteln, nicht zu heftig, aber auch nicht zu zart. Die Gesten während des Kennenlernens geben schnell darüber Aufschluss, ob jemand selbstsicher, gewinnend, aggressiv oder ablehnend wirkt.

Kreuzt beispielsweise ein Geschäftspartner häufig die Finger oder verschränkt er gar die Arme, so kann man davon ausgehen, dass er unseren Worten nicht aufgeschlossen gegenüber steht. Ob dies aus aggressiven Gründen oder aus Unsicherheit geschieht, bleibt abzuklären. Diese Geste sollte uns auf jeden Fall hellhörig machen. Auch das Abwinken mit den Händen ist keine so harmlose Geste, wie sie im Alltag empfunden wird. Schließlich geht es um einen symbolischen Schlag. Jemand will uns damit deutlich zu verstehen geben, dass er nicht bereit ist, über einen Vorschlag oder eine Warnung nachzudenken.

Um sich dem Phänomen Ablehnung zu nähern, begeben wir uns ein wenig in die Psychologie. Für die gesunde Entwicklung der Psyche ist eine positiv geprägte Mutterbeziehung unerläßlich. Der deutsch-amerikanische Psychoanalytiker Erik Erikson sprach in diesem Zusammenhang vom »Urvertrauen«, das der Mensch ausgehend von dieser Beziehung entwickelt. Dieses bildet sich während der »symbiotischen Phase« der ersten Lebensmonate. Jede Entbehrung der Wärme und Zuneigung der Mutter wird als unerträglich empfunden: Das Kind beginnt zu weinen und zu schreien. Von den Erfahrungen in dieser Phase hängt viel ab. Denn häufige Ablehnung des Wunsches nach Zuwendung und das damit verbundene Gefühl des Verlassen- und Ungeliebtseins hinterlassen tief sitzende Gefühle der Ohnmacht und des Schmerzes. Diese Ohnmachtsgefühle ergeben sich zwangsläufig, da keine Mutter der Welt ununterbrochen auf alle Wünsche des Kindes eingehen kann. Die Frage ist nur, wie das Kind auf Grund seiner Anlagen mit diesen Entbehrungen umgehen kann und auch später noch damit fertig wird: Je geringer die Frustrationstoleranz im Kleinkind angelegt ist, umso mehr werden spätere Zurückweisungen in der Liebe und auch im Beruf als unerträglich erlebt.

Eine Absage nach einem Vorstellungsgespräch oder eine Zurückweisung in der Liebe hinterlässt besonders bei Menschen mit wenig Urvertrauen ein Gefühl der Scham. Je häufiger diese Scham in der Kindheit erlebt wurde und später dadurch immer wieder erlebt wird, desto eher wird man sich selbst nach und nach verneinen. Die Folge kann eine vehemente Ablehnung der eigenen Person sein.

In krassen Fällen mündet diese Selbstablehnung sogar in Ekel. Wenn sich der Betroffene für sein Äußeres, für bestimmte Wünsche oder vermeintliche Fehler derart schämt, dass er alles sofort verändern möchte, gelangt er rasch an die Grenzen des Machbaren. Da er sich nicht akzeptieren kann, wie er ist, beginnt es ihn vor sich selbst zu ekeln. Der Teufelskreis beginnt: Nach innen gerichteter Ekel ist pure Eigenaggression. Diese führt zur Depression und Isolation, woraus sich neuerlich Haß gegen sich selbst bildet.

Der Ekel

Jean Paul Sartre schildert in »La nausée« (dt: »Der Ekel«) die fatalen Auswirkungen menschlicher Einsamkeit. In einer der Schlüsselszenen des Romans, der sogenannten »Baumszene«, erkennt der Erzähler – Roquentin –, dass sich unsere Existenz in einer radikalen Grundlosigkeit befindet. »Alles ist grundlos, dieser Park, diese Stadt, und ich selbst. Wenn es geschieht, dass man sich dessen bewusst wird, dreht es einem den Magen um.«

In seiner Philosophie bezeichnet Sartre den Ekel als die Erkenntnis, dass wir dem Universum und seinen Launen hoffnungslos ausgeliefert sind.

Die Psychologie betrachtet den Ekel etwas anders. Die Entstehung dieses krassen Gefühls wird durch etwas ausgelöst, vor dem uns physisch oder psychisch graust.

Wahrscheinlich lässt sich der Ekel aus dem Hungertrieb und den damit verbundenen unangenehmen Geschmackserfahrungen erklären. Die österreichische Redewendung »Eine Sache schmeckt mir nicht« spricht dafür. Sowohl eine übel riechende Speise als auch abstoßende Szenen im zwischenmenschlichen Bereich, wie heftiger Streit und Zank, rufen den Beigeschmack des Ekels hervor. In diesem Zusammenhang sind die verächtlichen Gesten zu verstehen, die oft von einer entsprechenden Mimik begleitet werden, etwa ein symbolisches Würgen, Ausspucken oder Naserümpfen. Das symbolische Greifen an den Magen weist darauf hin, dass einer Person etwas »auf den Magen schlägt«.

Über den Ekel will in unserer »sauberen« Welt niemand gerne sprechen. Obwohl es genügend ekelerregende Zustände gibt, die während der Abendnachrichten über den Bildschirm flimmern. Das Ekelgefühl darüber auszusprechen ist jedoch verpönt. So wie die westliche Gesellschaft vom Tod möglichst wenig hören will, um nicht an die eigene Endlichkeit erinnert zu werden. Für viele Menschen ist der Gedanke an das eigene Sterben unerträglich. Häufig wird er nur durch den Glauben an ewiges Leben oder Wiedergeburt erträglich. Dieser Glaube ist legitim, doch setzen wir uns spielerisch damit auseinander, was geschähe, wenn ein ewiges Weiterleben möglich wäre? Wir würden ständig mit denselben Situationen oder Aufgaben konfrontiert werden. Unerträgliche Langeweile wäre die Folge. Wie bereits aus dem Wort herauszulesen: Die Geschehnisse würden mit langer Weile erfolgen. Ein Erlebnis, ein bestimmtes Gefühl oder ein Genuss wird wieder und wieder erlebt und verliert durch die ständige Wiederholung an Reiz und Wirkung. Die meisten Reize, die zu häufig genossen werden, und seien es noch so schöne, können unmöglich ein Genuss bleiben, ausgenommen vielleicht das Singen der Vögel und der Blick über das Meer.

Kurzes Vergnügen oder Langeweile?

Die ständige Suche nach neuem Genuss ist nur eine Strategie, um dem Gefühl der Langeweile zu entkommen, wie bereits von Kierkegaard in »Entweder-Oder« erwähnt wird. Nicht einmal die Wahl des ethischen Lebensstils, der von Kierkegaard dem ästhetischen Lebensstil gegenübergestellt wird, bringt uns mit Garantie das große Glück. Denn die Freiheit, die wir durch diese Art des Lebens erfahren, kann uns derart ängstigen, dass wir sie durch kurzlebigen Genuss bekämpfen müssen.

Menschen, die Einsamkeit nicht ertragen können, bezeichnete Charles Ligne als sich langweilende Charaktere und dadurch auch für die Umgebung langweilig. Vielleicht hatte Ligne Recht, denn die Möglichkeit, in Einsamkeit zu verweilen und dabei glücklich zu bleiben, setzt voraus, sich mit seinen eigenen Unzulänglichkeiten arrangieren zu können. Zu uns selbst finden können wir nur in einsamen Stunden. Wer das Leben furchtlos liebt, kann keine Langeweile empfinden. Denn die Endlichkeit seines Daseins wird ihn dazu bringen, die vielen kleinen und großen Schönheiten entdecken zu wollen. Kein Leben ist so lang, dass Langeweile ihren berechtigten Platz darin hätte.

Gerade die Gesten der Langeweile, beispielsweise das Aufstützen des Gesichts in die Hände oder das unruhige Schnippen der Finger, sind vorsichtig zu interpretieren. Oft bedeuten sie bloß Müdigkeit nach einem langen Arbeitstag oder aber die Unruhe, etwas Neues schaffen zu wollen.

Eine Warnung zu viel

Farrel lag in seinem Bett und starrte an die Decke. Es war bereits nach zehn Uhr vormittags, seine Frau Sibylle unterrichtete seit zwei Stunden an der hiesigen Volksschule. Trotz achtjähriger Ehe wusste er keine Details über ihren beruflichen Alltag. Wenn er Näheres wissen wollten, meinte sie stets: »Ich führe die Kinder auf den richtigen Weg, mein Lieber«, und sah ihn dabei stolz an.

Abends, wenn sie nach Hause kam, ließ sie sich das Essen von ihm servieren, korrigierte ein paar Hefte und ging anschließend zu Bett. Für Farrel bedeutete das gemeinsame Nachtmahl eigentlich das Frühstück, denn er hatte einen Job als Nachtwächter bei einer Wach- und Schließgesellschaft.

So sahen sich Farrel und seine Frau eigentlich nur beim Abendstückchen, wie er es beizeiten schmunzelnd nannte. An den Wochenenden besuchte Sibylle merkwürdige Seminare, über die sie nicht sprechen wollte. Er bekam ab und zu ein Skriptum oder einen Tagesplan der verschiedenen Veranstaltungen in die Hände. Es ging um Kinderpsychologie, um Bewährungshelfer-Kurse und Selbsterfahrungs-Seminare. Dennoch konnte er keine Anzeichen an Sibylle feststellen, die auf einen Wunsch, ihren Beruf zu wechseln, deuten würden. Er hatte es aufgegeben, immer und immer wieder zu fragen, wozu sie sich diese Mühe antat.

Farrel hatte viel Zeit. Da er am Tag schlief und in der Nacht arbeitete, hatte er seinen Bekanntenkreis so gut wie verloren. Sein bester Freund aus der Schulzeit war nach London ausgewandert, um dort als Umweltberater einen relativ hoch dotierten Posten anzunehmen. Am Anfang hatten sie noch heftig telefoniert, dann ein paar Briefe geschrieben, bis letztendlich nur noch die obligaten Glückwunschkarten zum Geburtstag und zu Weihnachten in Farrels Briefkasten eintrudelten.

Farrel sah auf den Wecker, gähnte und rollte sich auf die Seite, um noch eine Stunde Schlaf anzuhängen. Die Hochsommerhitze ließ ihn nur schwer wieder einschlafen. Als er gegen zwei Uhr nachmittags aufstand, klebte ihm das T-Shirt am Körper. Das Zimmer-Thermometer zeigte 31 Grad. Farrel ging in die Küche, öffnete den Kühlschrank und trank einen halben Liter Milch im Stehen. Sibylle würde ihn darauf aufmerksam machen, dass eiskalte Getränke bei großer Hitze schlecht für den Magen seien. Er schüttelte den Kopf und duschte.

Während das kühle Wasser seine Müdigkeit verscheuchte, gingen ihm Bilder von seinem ersten Date mit Sibylle durch den Kopf. Sie war so süß gewesen, beinahe scheu. Sie hatte gerade den Abschluss der Pädagogischen Akademie hinter sich gebracht und sich zur Belohnung einen Aufenthalt am Meer gegönnt.

In einer Bar in Viareggio, einem kleinen Badeort an der tyrrhenischen Küste, hatte er sie drei Tage hintereinander beobachtet, bevor er sich traute, das Mädchen in dem weißen Kleid anzusprechen. Sie hatte eine kühle Ausstrahlung, aber ihr Lächeln war warm und herzlich. Farrel erinnerte sich an die vielen Sommersprossen, die rund um ihre Nase saßen. Da sie beide allein auf Erholung waren, gingen sie nach kurzer Zeit gemeinsam zum täglichen Sonnenbad, zum Eisessen, Fahrradfahren und Tennisspielen. Es waren die schönsten vierzehn Tage, die Farrel je erlebt hatte. Sibylle schien ihm die Erfüllung all dessen, was er sich von einer Frau nur erträumen konnte: klug, schön, ehrlich, treu und nicht so verzickt wie die anderen Freundinnen, die er bisher gehabt hatte. Sie trug kein Make-up, sie verzichtete auf hochhackige Schuhe und raffinierte Dessous. Ihre Haut war – obwohl sie niemals eine Pflegecreme benutzte – zart und weich. Dinge wie Haarspray, künstliche Fingernägel oder Wimpernzangen waren für sie einfach nicht vorhanden. Auch für Schmuck zeigte sie keinerlei Interesse, mit einer Ausnahme: einem kleinen Goldring, der eine Koralle fasste. Sie trug diesen Ring, seit er sie kannte, und legte ihn, ebenso wie ihren Ehering, nur zum Baden ab. Ein Erbstück, hatte sie ihm einmal erzählt, als sie noch frisch verliebt gewesen waren.

Nach vierwöchiger Verlobungszeit hatten sie geheiratet. Farrel weigerte sich, länger zu warten, und Sybilles Eltern hatten ihn gerne in die Familie aufgenommen. Die ersten Jahre waren, soweit sich Farrel jetzt erinnerte, durchaus heiter gewesen. Er hatte sein Geschichtestudium mit diversen Nebenjobs finanziert, und Sibylle war mit ihrem kleinen Anfangsgehalt ebenfalls zufrieden gewesen.

Er trocknete sich ab und warf das Handtuch über einen Haken. Du musst es an der Schlaufe aufhängen, Farrel, sonst sammelt sich die Feuchtigkeit im oberen Teil, und das Tuch beginnt muffig zu riechen. Er konnte ihre Stimme in seinem Kopf hören. Unwillig nahm der das Handtuch bei der Schlaufe und hängte es sorgfältig über den Haken.

Es war 16 Uhr, als er die wichtigsten Dinge für das Abendessen zu einer Einkaufsliste zusammenschrieb. Er hörte Sibylle in belehrendem Ton: »Das ›a‹ hat einen Strich in der Mitte, damit man es nicht mit dem ›o‹ verwechseln kann. Du musst schon darauf achten, denn schließlich hat das alles seinen Sinn, nicht wahr?«

Farrel zuckte zusammen, denn diesmal hatte er sich die Stimme nicht eingebildet. Sibylle stand direkt hinter ihm.

»D-d-du bist ja schon hier, Syb, ich hatte dich nicht so früh erwartet«, Farrel begann leicht zu stottern.

»Ja, ich konnte früher Schluss machen«, wie immer fand sie es nicht angebracht, diese Ausnahme näher zu erklären.

»Ich, ich …«, Farrel fuhr sich durch die halbgetrockneten Haare.

»Wenn du entspannt durchatmest, dann wird diese Stotterei aufhören. Das sagen alle Kollegen.«

»D-d-du besprichst mit deinen K-k-kollegen, dass ich …?« Farrel konnte nicht begreifen, dass seine Frau diese Intimitäten nach außen trug. Wann hatte sie zuletzt etwas mit ihm ernsthaft besprochen?

»Also, was wolltest du mir denn mitteilen? Du ›ich-ich-ich‹?« Sie grinste und tupfte ihm mit dem Finger auf die Nase.

»W-w-wollte gerade einkaufen gehen.« Er hasste es, wenn ihm die Sätze so schwer von der Zunge gingen. Voriges Jahr hatte dieses Handicap begonnen und wurde mit jedem Tag schlimmer. Besonders, wenn er mit Sibylle sprach.

»Nun, dann solltest du dich beeilen.« Sie stand vor ihm, die Arme verschränkt, in einem ihrer tadellosen Kostüme und hautfarbenen, dünnen Strümpfen. Er wunderte sich kurz, dass sie Nylonstrümpfe trotz dieser Hitze trug. Wahrscheinlich ging es ihr wieder einmal ums Prinzip. In der Arbeit trägt man Strümpfe, am Swimming-Pool geht man barfuß – und basta! Ja, Sibylle sammelte Prinzipien wie andere Leute Briefmarken.

Er wollte gerade die Tür hinter sich schließen, als Sibylle rief: »Geld, Schlüssel, Einkaufsliste?«

»J-j-j-ja, ja … h-hab alles dabei.«

Als er vom Supermarkt zurückkehrte, saß Sibylle bereits über einem Stoß von Schulheften. Sie ließ den Rotstift über die Zeilen tanzen und lächelte ab und zu mit einem heftigen Kopfschütteln.

Farrel begann, die Karotten für den Salat zu schälen.

»Du solltest die Karotten schaben, nicht schälen, dann gehen weniger Vitamine verloren.« Sibylle hatte sich ein Glas Wasser geholt und gab ihm diesen Tipp im Vorbeigehen, beiläufig wie immer.

Er seufzte und tauschte den Schäler gegen ein kleines Messer, das zum Schaben besser geeignet war. Er konnte nicht verstehen, warum er sich immer so klein fühlte, wenn Sibylle anwesend war. So unnütz und unfähig. Vielleicht sollte er einen dieser Seelenklempner konsultieren? Ach nein, was sollte der schon ausrichten. Schließlich hatte er es wirklich nicht weit gebracht. Nachtwächter zu sein war keine große Ehre. Aber es war schwierig, heutzutage einen guten Job zu bekommen, mit einem abgebrochenen Geschichtestudium. Er hatte es ja versucht und eine Absage nach der anderen erhalten.

Als er den Tisch deckte, hob er einen Stapel Schulhefte in die Höhe, um die Servietten neben die Teller legen zu können.

»Vorsicht!«, warnte Sybille, »hast du auch keine fettigen Finger? Du solltest dir die Hände immer gleich nach dem Kochen und vor dem Tischdecken waschen, nicht erst hinterher.«

»S-s-s-sie sind s-s-sauber«, beruhigte sie Farrel.

»Sauber ist manchmal nicht genug. Keimfrei sollten sie sein«, meinte Sibylle und nickte, wie um sich selbst zu bestätigen.

Keimfrei? Wozu um Himmels willen keimfrei? Hatte er eine Gehirnoperation hinter sich oder die schlichte Zubereitung von Hühnchen mit Karottensalat?

»G-g-g-guten A-a-appetit«, sagte er und begann zu essen.

Während Sibylle die Gabel anfasste und dabei den kleinen Finger wegspreizte, versuchte Farrel sich zu erinnern, wann Sibylle und er zuletzt miteinander geschlafen hatten. Vier Jahre, fünf Jahre? Sie war auch in ihrer Honeymoon-Zeit nicht gerade leidenschaftlich gewesen, aber zumindest hatte er doch damals das Gefühl, sie hätten eine einigermaßen zufriedenstellende Liebesbeziehung. Enttäuscht von einigen Affären war es ihm damals nicht unrecht, dass Sibylle eher zurückhaltend war. Er meinte, sich dadurch zumindest ihrer ehelichen Treue sicherer sein zu dürfen. Und mit den Jahren hatte er sich an ihr mageres Sexualleben gewöhnt. Durch ihre verschiedenen Schlafrhythmen waren die Situationen, in denen sich die günstige Gelegenheit für ein Schäferstündchen ergeben hätte, sowieso auf Null zusammengeschrumpft.

Das Radio spielte eine romantische, italienische Melodie, und Farrel träumte sich zurück nach Viareggio und dem Mädchen in dem weißen Kleid. Er sah sie am Strand tanzen, die Zipfel ihres Kleides flatterten im Wind. Er sah sie im blauweiß gestreiften Liegestuhl dösen, ein Buch über ihrem zauberhaften Gesicht.

Er summte den Refrain und blickte auf Sybilles Hände. Sie hatte aufgegessen, und ihre Hände lagen artig gefaltet in ihrem Schoß. Ihre Nägel waren perfekt manikürt, durch Polieren mit einem Wildlederkissen glänzten sie so hell, als wären sie lackiert worden.

Farrel streckte seine Hand nach der ihren aus und berührte sie sanft.

»W-w-w-wollen wir vielleicht ins Kino gehen und uns einen Film ansehen?« Sie waren damals oft im Kino gewesen und hatten nachher stundenlang über das Gesehene diskutiert.

»Farrel«, sagt Sibylle streng, »ich halte es nicht für richtig, gerade in deiner finanziellen Situation das Geld beim Fenster hinauszuwerfen.«

Sie hob ihre Hand, streckte den Zeigefinger aus und bewegte ihn rasch hin und her, so wie sie es wahrscheinlich tagtäglich im Klassenzimmer tat. Farrel starrte auf diesen ungewöhnlich langen Finger, dessen Gelenk so knorrig war, dass es beinahe wie angeschwollen aussah. Sie fuhr fort, mit dem Zeigefinger nach links und rechts zu wippen, nicht einmal zwanzig Zentimeter von seiner Nase entfernt. Farrels Aufmerksamkeit war von dieser Geste derart gefangen genommen, dass er wie durch dicke Watte ihre Stimme zwar vernahm, aber den Inhalt nicht verstand.

Sie droht mir, sagte er sich, sie droht mir seit Jahren.

Abrupt stand er auf, schob den Sessel mit den Kniekehlen zurück und verschwand in seinem Zimmer. Während er seinen kleinen Handkoffer packte, hörte er Sibylle aus dem Wohnzimmer: »Farrel, wenn du dann das Geschirr spülst, dann benutze doch bitte endlich weniger vom Spülmittel. Es kostet alles Geld, weißt du!«

Als er, den Koffer in der Hand, die Wohnungstür öffnete, stand sie im Türrahmen der Küche gegenüber.

»Wohin willst du?« fragte sie erstaunt und zog die Brauen in leichtem Ärger zusammen.

»Sieh' mal«, Farrels Stimme war lauter und fester als üblich, »das hier ist mein Zeigefinger.« Er hob ihn in die Höhe und hielt ihn leicht schräg, als hätte er die Miniaturausgabe eines Säbels in der Hand. »Ich zeige ihn dir nur einmal, und das wird auch das letzte Mal sein. Sollte sich in ferner Zukunft jemals ein Mann finden, der dich erträgt, dann behandle ihn nicht wie einen deiner Erstklässler. Ich

warne dich um deiner selbst willen, denn für mich spielt sein Leben keine Rolle mehr. Schade um sich und schade um die vielen Jahre, die wir vergeudet haben. Lebwohl.«

Sibylle stand wie angewurzelt. War das eben ihr kleiner Farrel gewesen? Der Taugenichts? Zu feige, um sich den Anforderungen des Lebens zu stellen? Noch während ihr all diese Fragen durch den Sinn gingen, hatte Farrel die Tür hinter sich zugeschlagen und die Treppen im Laufschritt genommen.

Sibylle war überzeugt, er würde nach einer halben Stunde wieder auftauchen, zerknirscht um Verzeihung bittend. Doch das einzige Lebenszeichen, das er nach Monaten von sich gab, war ein knapper, formeller Anruf, in dem er ihr – ohne jegliches Stottern – mitteilte, dass er sich scheiden lassen würde, um eine andere zu heiraten.

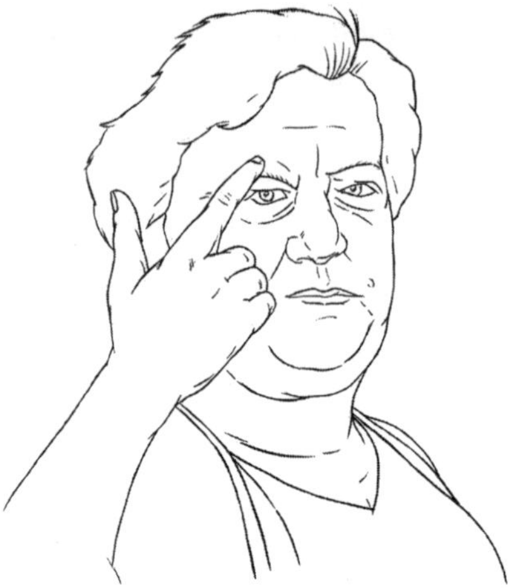

Verrückte Idee!

Was will derjenige sagen, der sich an die Stirn tippt? Je nach Situation möchte der Gestikulierende ausdrücken, dass jemand im Kopf nicht ganz klar ist beziehungsweise einer verrückten Idee nachhängt – oder aber ganz besonders klug ist. Das »Verrückt-Zeichen« ist gang und gäbe und bedeutet längst nicht mehr die grobe Beleidigung von einst. Will man den Grad der Verrücktheit noch gesteigert wissen, dann führt der Zeigefinger eine leicht kreisende Bewegung aus. Das Kreisen symbolisiert hier die Gedanken, die »im Kreis laufen« und keine logische Fortsetzung finden können.

Soll die Geste für kluge Leistungen stehen, so berührt der Zeigefinger nicht die Stirnmitte, sondern den Bereich der Schläfengegend. Häufig wird damit auch die eigene Schlauheit zur Schau gestellt.

Das Tippen auf die Stirn kann also zweierlei bedeuten. Es handelt sich um eine typische Zeigegeste, deshalb spielt auch der Zeigefinger die tragende Rolle bei dieser häufigen Bewegung. Gemeint ist niemals die Stirn an sich, sondern immer das durch die harte Frontplatte des Stirnbeines geschützt dahinter liegende Gehirn. Dieses komplexe Organ bildet zusammen mit dem Rückenmark das zentrale Nervensystem und dient als sensible Schaltstelle für alle Sinnesempfindungen und Handlungen. Als Archiv der eigenen Vergangenheit und als Wissensspeicher symbolisiert es den Intellekt eines Menschen.

Die Redewendung »Jemandem die Stirn bieten« deutet bereits darauf hin, dass die offen gezeigte Stirn ein Zeichen für Wissen, Macht und Unbeugsamkeit geworden ist. Bei Jesaja (48,4) lesen wir: »Denn ich weiß, dass du hart bist, und dein Nacken ist eine eiserne Ader, und deine Stirn ist ehern.«

Daher entdecken wir bei Menschen in Führungspositionen, wo das Demonstrieren von Macht und Kühnheit unumgänglich ist, selten Stirnfransen, egal ob es sich um Männer oder Frauen handelt. Unschuld, Friedfertigkeit und Verträumtheit drückt das Kämmen der Haare über die Stirn aus – deshalb ist das Tragen von Stirnfransen zumeist bei Kindern zu beobachten. Lassen sich Frauen ein paar Locken in die Stirne fallen, so ist in der Verführungsgeste das oft trügerische Versprechen enthalten: »Ich werde dich nicht unterwerfen, ich bin sanft.«

Tipp: *Obschon das »Verrückt-Tippen« keine wirklich bösartige Kränkung darstellt, ist diese Geste nur dann unbedenklich, wenn derjenige, dem man die verrückten Gedanken unterstellt, nicht anwesend ist.*

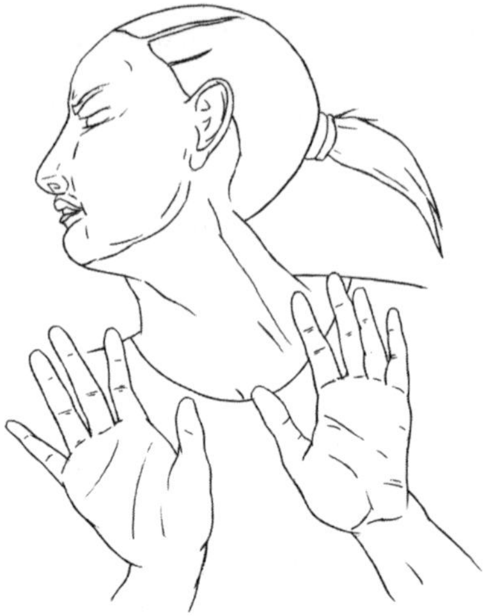

Bleib mir vom Leib!

Das Motiv dieser Geste ist das Wegdrücken des anderen mit der Absicht, jede Berührung mit ihm zu vermeiden. Die Handflächen sind nach vorne gerichtet, die fünf Finger abgespreizt, und die Bewegung wird ruckartig mit großem Schwung ausgeführt, um die Stärke der Ablehnung noch zusätzlich zum Ausdruck zu bringen. Auch wenn diese Geste reichlich pathetisch und theatralisch erscheint, so entstammt sie doch einem inneren, sehr verständlichen Instinkt. Kleine Kinder stoßen voller Zorn ihre Handflächen nach vorn, wenn sie jemanden nicht mögen. Ob nun aus Gründen der Angst, der Scham, des Ekels oder aus anderen Gründen, eines steht fest: Sie wollen von dieser Person nicht berührt werden.

In unserer hochsozialisierten Gesellschaft ist die Erlaubnis von Berührungen streng festgelegt. Nach ungeschriebenen Gesetzen wissen wir alle, ob nun ein Handschlag, ein Schulterklopfen, ein Streicheln oder gar ein Kuss erlaubt ist. Jede Zuwiderhandlung wird mit sofortiger Ablehnung bestraft. Wir haben uns an diese Gesetze so sehr gewöhnt, dass ihre Befolgung nicht mehr bewusst, sondern ganz automatisch geschieht. Die Geste des Wegdrückens soll oft auch ein Wegschieben der Probleme, die eine Person in einem auslöst, demonstrieren.

Die gleiche Geste mit ähnlichem Symbolgehalt wurde in Griechenland aus einer alten, byzantinischen Tradition übernommen. Die Verbrecher, an Händen und Füßen mit schweren Eisen gefesselt, wurden an eine Art Pranger gestellt. Das Volk durfte sie nicht nur beschimpfen und bespucken, sondern auch ihre Gesichter mit Schmutz bewerfen, eine der verächtlichsten Gesten überhaupt. Wird heute in Griechenland zwar nicht mehr mit Schlamm geworfen, so hat diese Geste noch immer dieselbe Bedeutung: »Ich beschmiere dein Antlitz mit Schmutz!« Als »Moutza-Geste« ist sie unter Autofahrern äußerst ›beliebt‹.

Tipp: *Griechenland-Urlauber, die jemandem aus dem Auto zuwinken wollen, sollten sich diese Handlung vorher überlegen. Allzu leicht kann sie als »Moutza-Geste« missverstanden werden und üble Konsequenzen nach sich ziehen.*

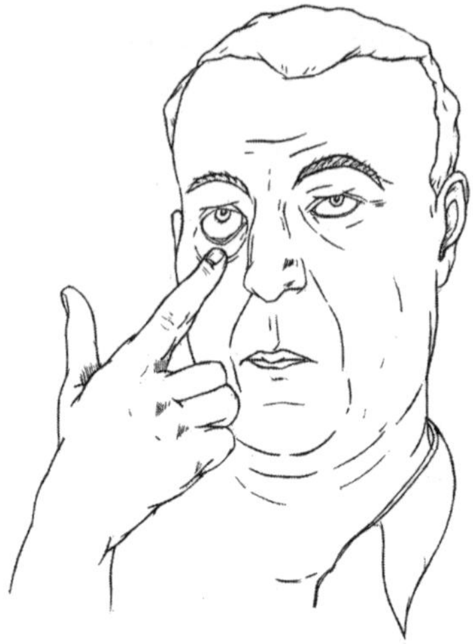

Langeweile

Unter den mannigfaltigen Gesten der Langweile – an erster Stelle sei das Vorhalten der Hand bei simuliertem Gähnen genannt – hat sich auch jene durchgesetzt, bei der das untere Augenlid vom Zeigefinger leicht in Richtung Wange gezogen wird. Hier wird angedeuet, dass der Zuhörer sich die Augen mit den Händen offen halten muss, um zu verhindern, dass er vor lauter Langeweile einschläft.

Offene Augen sind immer Zeichen für Interesse und Wachheit. Die Aufmerksamkeit kann noch deutlicher zur Schau gestellt werden, indem der Zuhörer die Stirn runzelt und die Augenbrauen hebt, wodurch die Augen größer erscheinen.

Die Geste des Augenwischens ist weit verbreitet. Zusammen mit der Redewendung »Das ist doch pure Augenauswischerei« drückt sie eine erahnte Betrugsabsicht aus. Sie stammt wahrscheinlich aus der Zeit, als fahrende Quacksalber ihren Patienten Tinkturen, die keine medizinische Wirkung hatten, in die Augen rieben. Mit der Zeit sprach es sich herum, dass diese Salben wirkungslos waren, und diese Tatsache manifestierte sich in Sprache und Gestik bis in die heutigen Tage.

Im Gegensatz dazu steht das »Augenreiben«, eine unbewusst ausgeführte Geste, die angeblich den Ausführenden als Lügner entlarvt. Psychologen meinen, wenn jemand sich während eines Gesprächs die Augen zu reiben beginnt, liege eine Intention des Sprechenden vor, den Blickkontakt zum anderen abzubrechen. Er kann ihm die Lüge »nicht ins Gesicht sagen«. Solche Interpretationen sind gefährlich, da es unterschiedlichste Gründe gibt, die zum Reiben der Augen führen können. Das Auge ist einer unserer empfindlichsten Körperteile und reagiert rasch auf Fremdkörper, die ihm Schaden zufügen könnten. Die Produktion von Tränenflüssigkeit reicht oft nicht aus, das brennende Auge wird bei geschlossenem Lid gerieben, um dadurch Linderung zu erlangen. Das geht vom Reiben der ozonbedingt brennenden Augen über die Möglichkeit von allergischen Reaktionen auf Umweltgifte bis hin zum Augenbrennen durch Erschöpfung, etwa bei der Bildschirmarbeit, die einen erhöhten Augendruck hervorruft. Vorsicht ist also geboten, die Geste vorschnell zu interpretieren.

Tipp: *Ob das Gegenüber lügt oder nicht, ist am »Augenreiben« allein nicht abzulesen.*

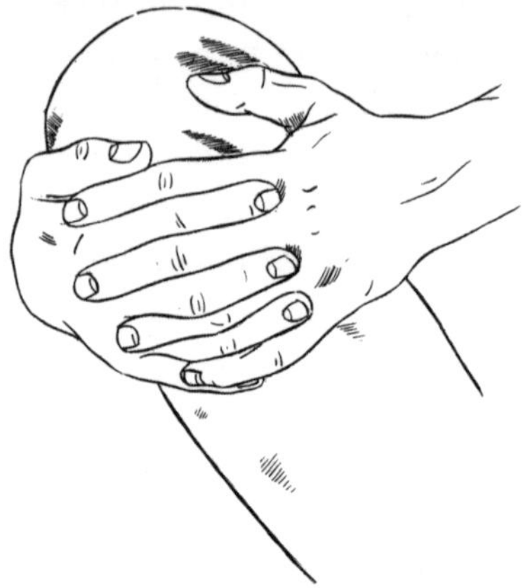

Dickschädel

Das Übereinanderschlagen der Beine ist eigentlich den Frauen vorbehalten. Eine alte Sitte, die sich aus dem Tragen von Röcken herleitet. Durch die Schräghaltung der Unterschenkel verlängern Frauen visuell ihre Beine und verfügen so über eine zusätzliche »Waffe der Verführung«. So kann man beobachten, dass Politiker- oder Monarchen-Gattinnen, die das Motto »Sitte und Anstand« transportieren möchten, eine betont gerade Haltung der Beine bevorzugen.

Sitzt heute ein Mann mit gekreuzten Beinen, so mag das oft einen allzu weiblichen Eindruck machen, abgesehen davon, dass das Blut nicht frei und ungehindert zirkulieren kann. Von den Männern wird eben verlangt, mit beiden Beinen auf dem Boden zu stehen. Männlicher wirkt das Übereinanderschlagen, wenn der Mann ein Bein mit dem Knöchel auf das Knie des anderen Beins legt und es mit den Händen umschließt – sich also insgesamt »breiter« macht.

Nimmt ein Mensch diese Position während einer Diskussion oder eines Streits ein, so macht er dem Gegenüber damit klar, dass er für dessen Argumente keineswegs aufgeschlossen ist. Diese vom Unterbewusstsein dirigierte Geste errichtet eine unsichtbare Mauer durch das horizontal gelegte Bein, um den eigenen, individuellen Bereich zu vergrößern und abzustecken. Zusätzlich bedeuten die fest zupackenden Hände, dass der Ausführende an seinen Wünschen und Zielen genauso festhalten wird wie an seinem Bein.

Interessanterweise gilt bei Männern das Übereinanderschlagen der Beine noch immer als ein wenig ungehörig. Vielleicht rührt diese Tatsache von einem alten Brauch, dessen Ursprung man aus Bildquellen und Steinstatuen rekonstruieren konnte. Das Kreuzen der Beine war ursprünglich eine Richter-Geste. Die Richter demonstrierten damit ihre Befugnis zur Rechtsprechung. Kreuzte jemand anderer die Beine, so maßte dieser sich damit ein Recht an, das ihm nicht zukam.

Tipp: *Wenn es Ihnen am bequemsten erscheint, mit überkreuzten Beinen zu sitzen, so lassen Sie Ihr Gegenüber auf Ihre Handflächen sehen, um die im Prinzip »unnachgiebige« Geste abzuschwächen.*

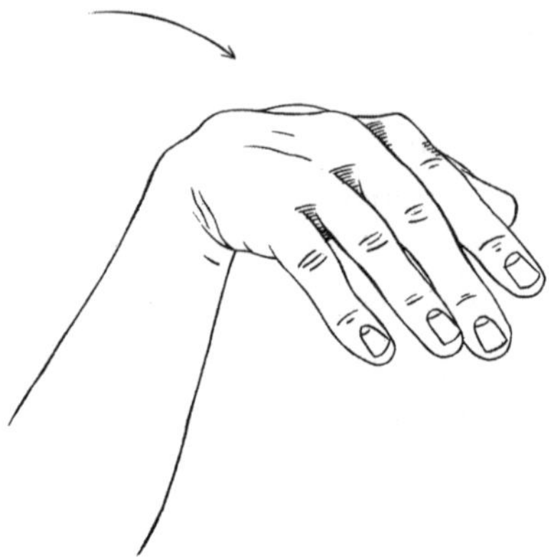

Unsinn

Die weit verbreitete Geste des Abwinkens, wenn der Gesprächspartner einen Einwand vorbringt, der dem anderen lächerlich erscheint, ist nur halb so harmlos, wie es auf den ersten Blick scheinen mag. Schließlich liegt die Bedeutung dieser Bewegung darin, einen Schlag auf den Kopf des anderen zu symbolisieren. Und wenn auch nur ein Klaps gemeint ist und die Aggressivität der Geste auf diese Weise gemildert wird, so büßt sie dennoch nichts von ihrer aggressiven Grundhaltung ein.

Das dient zur Erklärung, warum diese Geste – die ja nur unbewusst aggressiv gemeint ist – üblicherweise nur unter Freunden gebraucht wird und im öffentlichen Leben nichts verloren hat. Denn Freunde verstehen und verzeihen.

Jemand, der sehr häufig mit der Hand ausholt und die Argumente anderer mit der flachen Hand »wegwischt«, kann zu Recht als engstirnig eingeschätzt werden und einer erfolgreichen Teamarbeit wenig zuträglich sein.

Dass diese Geste denjenigen, dem sie zugedacht ist, verärgert, erklärt sich nicht nur aus der Tatsache, dass es sich um eine Aggressions-Geste handelt, sondern auch durch ihre Botschaft der arroganten Ablehnung. Der andere wird nicht ernst und nicht für voll genommen, seinen Worten wird keine Bedeutung mehr beigemessen. Wie ein kleines Kind erhält er einen angedeuteten Klaps und den nonverbalen Befehl: »Sprich nicht weiter – denn du redest Unsinn.« Doch wie der Dichter Gottfried Bürger bereits in seinem Werk »Mittel gegen den Hochmut der Großen« trefflich fabulierte: »Viel Klagen hör' ich oft erheben / Vom Hochmut, den der Große übt. / Der Großen Hochmut wird sich geben / Wenn unsre Kriecherei sich gibt.«

Die Heftigkeit des Schwunges, mit dem die Geste ausgeführt wird, hängt vom Naturell und der Mentalität des Gestikulierenden ab und sagt nichts über die Stärke der Beleidigung aus. Ein Italiener, gewohnt an einen größeren Gesten-Radius, wird weiter ausholen und seine Hand schneller durch die Luft schlagen. Hingegen wird man beim Schweden ein sanfteres Abwinken, das enger am Körper ausgeführt wird, beobachten können.

Tipp: *Wenn Ihr Partner Ihnen allzu häufig mit dieser Geste das Wort abschneidet, so kopieren Sie diese Buchseite und legen Sie ihm das Blatt auf das Nachtkästchen!*

Pass bloß auf!

Das »Zeigefingerwackeln« hat uns schon in der Kindheit darauf aufmerksam gemacht, dass sich hier jemand bemerkbar machen und uns in den meisten Fällen warnen will. »Pass auf, was du tust, ich warne dich«, kann diese Geste bedeuten, aber auch das schlichte Verneinen einer Frage.

Begleitet wird diese Geste stets von einem eindringlichen Blick und manchmal zusammengezogenen Brauen. Letzteres ist wieder als Hinweis auf die Verärgerung des Gestikulierenden zu deuten. Unter Erwachsenen gilt das Zeigefingerwackeln als eine schwache Drohung, die oft ironisch gemeint ist. Psychologen meinen, der Zeigefinger stünde in diesem Fall als Symbol für eine Keule, die man dem anderen auf den Kopf zu schlagen gedenke.

Für die tatsächliche Abwehr wird der Zeigefinger aber direkt auf den Widersacher gerichtet und tatsächlich zum Symbol für eine Waffe, beispielsweise ein Messer, mit dem der Wütende den anderen verletzen will. »Zeig' nicht mit nacktem Finger auf angezogene Leute«, warnt man kleine Kinder. Diese Redewendung hat sich wohl aus der allzu aggressiv wirkenden »Stich-Geste« entwickelt.

Ohne jede drohene Bedeutung wird der wackelnde Zeigefinger auch erhoben, um während eines langen Monologes die besonders wichtigen Stellen hervorzuheben. Der Redner will mit dieser unbewusst ausgeführten Geste sichergehen, dass die Zuhörer aufmerksam bleiben.

Der Zeigefinger steht unter anderem für das Ich. Will man sich zu Wort melden, ob als Kind in der Schule oder als Erwachsener bei öffentlichen Diskussionen, so hebt man den Zeigefinger gestreckt in die Höhe, während die anderen Finger und der Daumen eingeschlagen bleiben. Oft wird er auch dazu eingesetzt, die Stückzahl eins anzugeben, etwa um dem Kellner wissen zu lassen, man möchte ein Bier oder eine Schale Kaffee.

Neuerdings hat sich das Hochstrecken der beiden Zeigefinger in Sportlerkreisen, insbesondere bei Fußballern, als Siegergeste eingebürgert. »Ich bin der Einzige! Ich habe gewonnen!« soll uns das Stoßen der Zeigefinger in die Luft sagen.

Tipp: *Wird der Zeigefinger vor dem Anheben mit der Zunge berührt, so bedeutet dies, dass der Redner meint, er wäre dem anderen rhetorisch überlegen.*

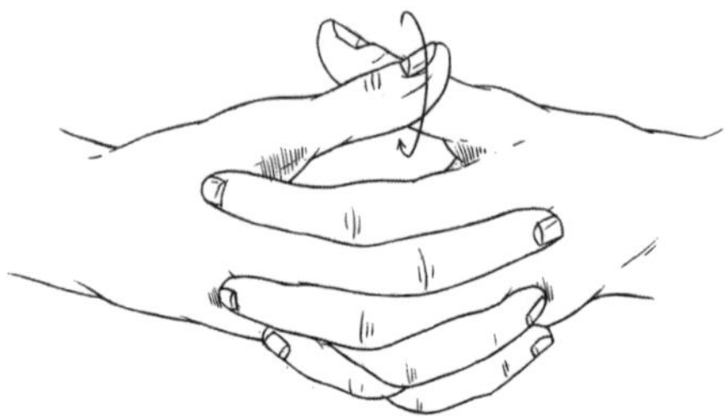

Ausruhen

Eine alte Dame nimmt auf einer Holzbank in der Bahnhofshalle Platz. In einer Stunde wird ihr Zug abfahren. Sie hält den Blick stolz geradeaus. Ihre pigmentgezierten Hände, knorrig, aber zugleich so zart, dass man ihre Makellosigkeit zur Zeit, als sie noch ein junges Mädchen war, erahnen kann, verschränken sich ineinander und sinken auf ihren Schoß, landen sanft auf dem blauen Seidenstoff ihres Sommerkleids. Und als begänne ein uraltes Spiel, umkreisen einander die Daumen in langsamer, ein wenig zittriger Weise.

Die Geste des Däumchen drehens wird heute – negativ besetzt – als Zeichen verwendet, um unerwünschte Pausen oder Machtlosigkeit zu demonstrieren. »Da konnten wir nur dabei stehen und Däumchen drehen«, beschwert sich jemand, der gerne geholfen hätte, aber durch bestimmte Umstände gezwungen war, untätig zuzusehen. Das Däumchen drehen hat weite Verbreitung gefunden, beispielsweise finden wir die Gebärde in der französischen Redewendung »Se tourner les pouces« wieder.

Katharine Hepburn hat diese Geste, wie sie in einem Interview gegenüber der Zeitung »Paris Match« einmal betonte, zutiefst verabscheut. Es würden sich ihr buchstäblich die Nackenhaare sträuben, wenn sie jemanden Daumen drehend herumsitzen sähe. Es schien ihr die reinste Verschwendung, eine Bewegung auszuführen, anstatt derer man etwas Nützliches tun könnte. »Wer Daumen dreht, kann doch gleich einen Schal häkeln oder stricken, somit würde zumindest etwas Sinnvolles entstehen«, polterte die energiegeladene Schauspielerin.

Wenn ein junger Mensch während seiner Dienstzeit Däumchen dreht, so steht dies oft für ein demonstratives »Ich will mich nicht an einer bestimmten Arbeit beteiligen«. Er meint, alles wäre besser, als diese Tätigkeit auszuführen, sogar die Daumen zu drehen.

In einer Zeit, in der Langsamkeit und Besinnung als Gegengewicht zur allgemeinen Hektik und Entertainment-Sucht der westlichen Welt einigen Trendsettern bereits wieder als besonders schick und erstrebenswert erscheinen, wäre es möglich, dass die Geste des Daumen drehens bald wieder in einem wohlwollenderen Licht stehen wird.

Tipp: *Sollten Sie der Passion des Daumen drehens frönen, achten Sie immer darauf, saubere Fingernägel zu haben, denn die rotierende Bewegung der Daumen zieht die Blicke anderer Menschen an.*

Ich bin es müde

Noch in der zweiten Hälfte des neunzehnten Jahrhunderts soll man es als ganz normal empfunden haben, wenn ein Mensch auf der Straße plötzlich stehen blieb und seinen Kopf in die Hand stützte, weil ihm etwas eingefallen war. Hat sich damals niemand an dieser Geste gestoßen, so würde sie heute wunderlich anmuten.

In unserer eiligen Gesellschaft ist es nicht üblich, dass sich jemand die Zeit nimmt, auf der Straße innezuhalten, um konzentriert über ein Problem nachzudenken.

In Spanien wird das Schmiegen der Wange in den Handteller unter Männern als spöttische Geste verwendet. Sie soll andeuten, dass sich jemand so feig benimmt, dass man ihn eigentlich wie einen kleinen Buben an der Hand nehmen und ihm tröstend die Wange streicheln müsste.

Verbalisiert müsste diese Geste eigentlich lauten: »Ich bin es müde.« Denn es sind die vielen Sorgen und Kümmernisse, die den Menschen die Köpfe schwer machen. Drückt jemand seine Wange in die Handfläche, dann nicht nur aus dem praktischen Grund der mechanischen Abstützung und damit der Muskelentspannung im Bereich des Nackens und der Halswirbelsäule, sondern auch in unbewusster Anlehnung an seine Kindheit. Kinder schmiegen ihre Wange gerne wie Katzen und Hunde um Zärtlichkeiten bettelnd an den Körper der Mutter. Diesen in der Kindheit erhaltenen »Schutz« gibt sich der Mensch im Erwachsenenalter nun selbst. Man kann sogar beobachten, dass sich Frauen, in der Annahme, sie wären allein, sanft hin und her wiegen, wie sie es aus ihrer Baby-Zeit gewohnt sind. Es ist kein Zufall, dass gerade die Wange zum begehrten »Objekt des Streichelns« geworden ist. Bei Lippen, Augen und Nase müsste man sehr behutsam sein, wenn man das zarte Gesicht eines Kindes berührt. Die Wange bietet einfach mehr Platz für Liebkosungen. Die zarte Haut über dem dicken Wangenfleisch besitzt viele Nerven, die das sanfte Streicheln an die Gehirnzellen melden, ist aber troztdem so druckfest, dass ein kleiner Kniff keinen wirklichen Schmerz bedeutet. Niemals würde man ein Kind scherzhaft in die Schläfenhaut zwicken, denn hier ist die Haut im Gegensatz zur Wange dünn und wesentlich empfindlicher.

Tipp: *Nicht jedes Aufstützen der Wange bedeutet Müdigkeit oder Nachdenklichkeit, manchmal ist es auch bloß ein Zeichen von Langeweile, insbesondere wenn die Hand dabei zur Faust geballt wird.*

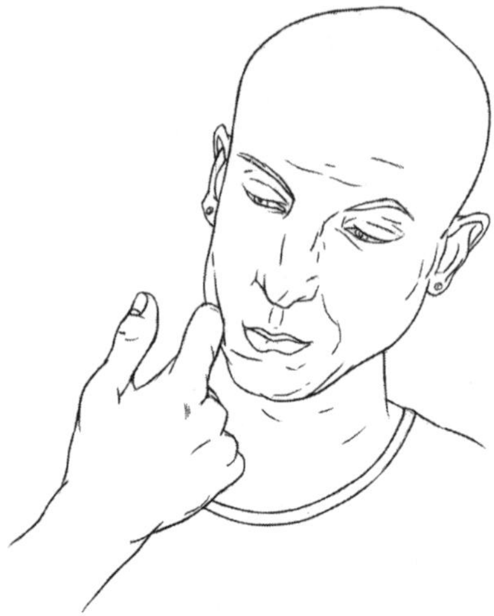

Du ödest mich an!

Eine relativ junge Geste ist es, sich über die Wange zu streichen, um damit jemandem deutlich zu machen, dass die Geschichte, die er gerade erzählt, sehr langweilig ist. Scherzhaft wird mit den Fingeraußenseiten über die Wange gestrichen, um zu prüfen, ob in der Zwischenzeit nicht bereits ein paar Barthaare nachgewachsen wären. Während man in Deutschland dazu bemerkt: »Die Geschichte (oder der Witz) hat so einen langen Bart«, rufen die Franzosen beim Ausführen dieser Geste: »La barbe!« In Frankreich soll der Ausruf auch dazu dienen, anzudeuten, dass die Geschichte hiermit zu Ende sein möge und man keine weiteren Details zu hören wünscht. Die Grundlage für diese Geste, nämlich die Bedeutung des Bartes als etwas Rückständiges, Langweiliges, ist sehr jung.

In früherer Zeit stand der Bart immer für Männlichkeit und Weisheit, weshalb bei vielen Völkern die Götter mit Bärten dargestellt wurden, etwa bei Indra, Zeus, Poseidon oder Hephaistos. Auf die Spitze trieben es die Ägypter, die selbst weiblichen Pharaonen auf Abbildungen einen Bart verliehen, um ihnen den Ausdruck von Würde zu verleihen. Etwa bis zum sechnsten Jahrhundert wurde Jesus Christus bartlos dargestellt, wie man auf Katakombenfresken und Sarkophagreliefs sehen kann. Doch um die Weisheit Christi und die Grundlagen des christlichen Glaubens zu versinnbildlichen, hat sich die Darstellung mit Bart durchgesetzt und bis heute erhalten.

Und wieder hat sich ein Symbol überlebt. Heute zählt das Altern in der westlichen Welt nicht mehr als Verdienst, denn in der modernen Industriegesellschaft wird das Erreichen eines hohen Alters nicht mehr mit Lebenserfahrung und Weisheit assoziiert, sondern vielmehr mit dem Verlust jugendlicher Dynamik und Leistungsfähigkeit. Somit gilt auch der wallende Vollbart nicht mehr als reizvoll, sondern als eigenbrötlerisch, wenn nicht sogar als ungepflegt. Der moderne Mann rasiert sich, elektrisch oder nass, höchstens einen lässigen Dreitagebart lässt man durchgehen.

Tipp: *Nicht zu verwechseln mit der identischen und in den USA gebräuchlichen Geste des Streichens über die Wange. Diese besagt nämlich, dass jemand Schwierigkeiten hat, etwas Erzähltes zu begreifen.*

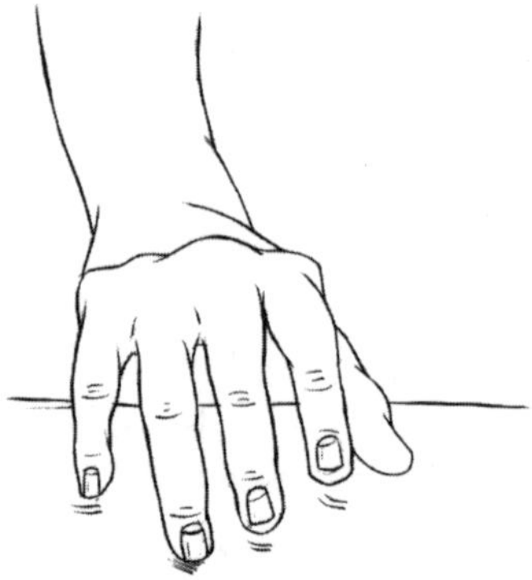

Einfach weg!

Wenn aus Langeweile Ungeduld wird, so geschieht es häufig, dass der unruhige Geist mit den Fingerkuppen auf eine Tischplatte oder eine sich sonst anbietende Unterlage zu trommeln beginnt.

Einige Wissenschaftler sind der Meinung, die Geste wäre so alt, dass sie aus der Zeit stamme, als wir Menschen noch auf allen Vieren gingen. Unsere Hände, die einstmals ihre Funktion als Vorderfüße erfüllten, hätten noch eine Art »Restgeist der Füße« zurückbehalten, und wir würden somit durch diese Geste unbewusst ausdrücken, fortlaufen zu wollen. Andere weisen darauf hin, dass das Fingertrommeln – sollte man diese Theorie ernst nehmen – weniger die Ungeduld symbolisiere, als dass sie ein Ausdruck von Angst sei, die in einem direkteren Zusammenhang mit dem Weglaufen steht. Da sie aber von erschrockenen Personen nicht ausgeführt wird, ist diese Interpretation wohl mit Vorsicht zu genießen.

Die Hände befinden sich ständig in Bewegung und sind die »ungeduldigsten« Körperteile. Während einer langweiligen Situation wird nicht nur mit den Fingern getrommelt, es wird mit Ringfinger und Daumen geschnippt, es kommt zum Däumchen drehen, die Faust wird gedankenlos auf und zugedrückt, dies alles in mehr oder weniger rhythmischen Abständen. Es mag der Rhythmus sein, der hier im Zentrum dieser Geste steht, denn rhythmisch ausgeführte Bewegungen beruhigen. Man kann dies nicht nur beim Tiger im Käfig beobachten, sondern auch bei hysterischen Menschen, die sich durch ständiges Auf- und Abschaukeln zu besänftigen versuchen. Bereits das gleichmäßige Schaukeln der Wiege zeigt uns die beruhigende Wirkung rhythmischer Bewegungen.

Auf keinen Fall drückt das Fingertrommeln eine angenehme Grundstimmung aus. Die Redewendung »Alles zusammentrommeln«, die alle verfügbaren Helfer zusammenrufen soll, demonstriert deutlich, dass der unruhig mit den Fingern Trommelnde darauf aufmerksam machen möchte, die Situation wäre für ihn unangenehm und er würde darauf dringen, die Sache beschleunigt zu wissen, ob es sich nun um ein Gespräch oder das Warten am Fahrkartenschalter handelt.

Tipp: *Es zeugt nicht von bester Erziehung, seiner Ungeduld durch Fingertrommeln Ausdruck zu verschaffen. Selbstdisziplin ist daher angebracht.*

Trocken muss er sein

»Ich küsse ihre Hand, Madame«, sang Johannes Heesters galant und wienerisch, aber in Amerika wusste man bereits in den sechziger Jahren nicht viel mit diesen Galanterien anzufangen, wie Marilyn Monroes Einsicht nahelegt: »A kiss on the hand might be quite continental, but diamonds are a girl's best friend ...«

Ursprünglich wurde der Handkuss zusammen mit einer Vielzahl an Gesten und Redewendungen aus dem spanischen Hofzeremoniell übernommen. Mag sein, dass hier die Ursache zu finden ist, warum so vielen, insbesondere den Amerikanern, der Handkuss ›spanisch‹ vorkommt. Ein frühneuzeitlich verfasster Ratgeber warnt: »Jedoch muss es nicht allzuoft und mit zu großer Zärtlichkeit geschehen, sondern auf eine respecteuse Art und etwa nur bei dem Abschieds-Compliment, oder wenn sie (die Dame) durch ihre Reden Gelegenheit gibt, dass wir eine gewisse Submission davor bezeugen sollen.«

Sogar in Österreich, wo sich der Handkuss in aller Walzerseligkeit fest im romantischen Herzen verankert hatte, ist er in den letzten beiden Jahrzehnten immer seltener geworden und wurde meist durch die verbale Form »Küss' die Hand, gnä' Frau« ersetzt. Nur ältere Charmeure frönen noch dieser anachronistischen »Tugend«. Beizeiten wird er noch scherzhaft verwendet, und nicht selten schmatzt ein junger Spaßvogel seiner Angebeteten einen geräuschvollen, nassen Kuss auf die Hand – wenn nicht gar auf die Handinnenfläche. Sollten Sie also in einer Situation das dringende Bedürfnis verspüren, einer Dame die Hand zu küssen, so tun Sie es bitte nur angedeutet, sanft gehaucht und vollkommen trocken. Und sehen Sie der Dame dabei ins Gesicht – freundlich, respektvoll und ehrerbietig, ansonsten mutiert diese heikle Geste schnell in eine lächerliche Farce.

Anders erhielt sich der Handkuss in religiösen Belangen. Als Zeichen der Devotion gegenüber Päpsten und Bischöfen ist er wahrscheinlich aus der griechischen Antike zu uns gekommen. Griechen, die nicht betucht genug waren, um den Göttern teure Opfer zu bringen, küssten nach Lukian die Hände der Statuen. Als Zeichen der Unterwerfung und des tiefsten Respekts wird der Handschuh oder Ring kirchlicher Würdenträger mit einem angedeuteten Kuss bedacht.

Tipp: *Sogar Damen aus Österreich kann man mit dem Handkuss leicht irritieren. Vergewissern Sie sich, in welcher Tradition die Dame erzogen wurde, bevor sie drauflos küssen!*

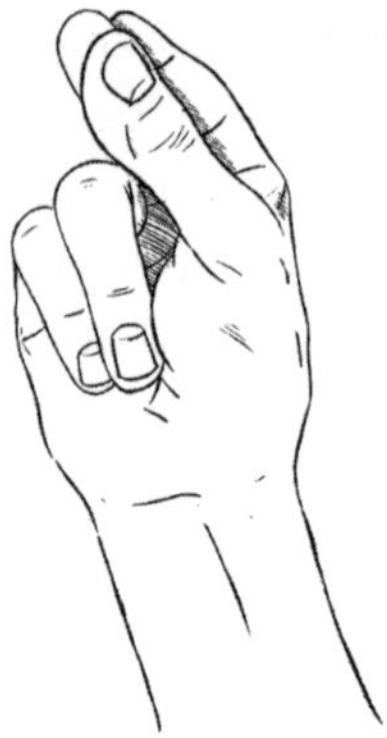

Ober, zahlen!

Es gibt drei Arten, den Kellner im Café oder Restaurant auf sich aufmerksam zu machen. Die eleganteste ist wohl die lautlose, die in stillem Einverständnis zwischen Ober und Gast vor sich geht. Ein Griff zur Börse, ein Blick zum Ober, und die Rechnung flattert auf den Tisch. Die zweite Methode besteht in lautem Rufen und, so man Stammgast ist, dem Nennen des Kellners beim Vornamen; in Wien mit einem den Titel ersetzenden »Herr«. Die dritte Art besteht darin, die Kuppen von Daumen und Mittelfinger aneinander zu pressen und sie mittels kräftigen Drucks aneinander vorbeischnippen zu lassen. Letztere ist sicher die verzweifeltste Variante – und nicht jeder Ober wird reagieren.

Das Fingerschnippen ist zumeist ein Zeichen des Auf-sich-aufmerksam-Machens. Es ist eine der seltenen Gesten, so wie die des Applaudierens, die der akustischen Dimension der Äußerung wesentlich mehr Bedeutung beimisst als der visuellen. Bereits im alten Rom riefen die Herren ihre Sklaven und Diener auf diese Weise zu sich. Wer heute seine dienstbaren Geister aller Art auf diese Weise zu sich lockt, gilt zumeist als arrogant, und das zu Recht. Ungeduldige Machtbesessene meinen ihre Untergebenen nicht beim Namen nennen zu müssen. Wer kann, meidet solch brutale Zeitgenossen.

Ebenso drückt sich Ungeduld gegen sich selbst durch rhythmisches Schnippen aus. Wohingegen das Schnippen der Finger im Takt einer mitreißenden Melodie bereits eher im Bereich des Musizierens anzusiedeln ist.

Doch häufig wurzelt das Fingerschnippen in einem ganz anderen Grund: Die Erleuchtung, die Rettung bringende Idee, der Einfall in letzter Sekunde, sie alle werden oft von diesem lauten Knall des Fingerschnippens begleitet. Nicht nur die Zeichentrickfigur Wicki wurde mit diesem ideensprühenden »Fingerschnipp« berühmt, auch Einstein wird der häufige Gebrauch dieser Geste nachgesagt.

Tipp: *In südlichen Ländern, etwa in Italien, darf ruhig mal nach dem Ober geschnippt werden, wenn es laut und turbulent zugeht. In allen anderen Regionen ist das Herbeischnippen von Personen verpönt.*

Salut!

Wer erinnert sich nicht an Tom Cruise, als er in dem Film »Mission impossible« lächelnd vor seiner Filmpartnerin salutierte? Die rechte Hand mit einem espritvollen Schwung an die rechte Stirnseite geführt, kurz innegehalten und dann respektvoll wieder langsam gesenkt. Die Geste stammt aus den Bräuchen des Militärs, wobei jeder Soldat einen Offizier, der gerade vorbeischlendert, mit dieser Gebärde zu begrüßen hat. Der Offizier grüßt anschließend auf die gleiche Weise zurück. Unterlässt der rangniedrigere Soldat das Salutieren, muss er mit einer Bestrafung rechnen.

Zurückzuführen ist die Geste auf jene Zeit, als es noch Ritter gab. Der Lehensmann musste nach altsächsischem Recht vor dem Eintritt bei seinem Lehensherrn sein »Eisenzeug« ablegen, also insbesondere »huot« oder »huotelin«. Dieser Hut bestand damals nicht aus bequemem Filz, sondern aus einem drückend schweren eisernen Helm und einer darunter liegenden Wollmütze, die den Kopf vor dem Metall schützen sollte. Es war also ein Zeichen der Schutzlosigkeit, das man dem Lehensherr gegenüber gab. Daraus entwickelte sich übrigens auch das »Vor jemandem den Hut ziehen«. Nur mehr angedeutet finden wir diese sehr weit verbreitete Geste also auch im Salutieren. Ein verständlicher Gruß, denn wollte ein Offizier jedem einzelnen Soldaten in der Kompanie beim Morgenantritt die Hand schütteln, so wäre er bei Sonnenuntergang wohl noch nicht fertig damit. Das Wort Salutieren stammt interessanterweise vom lateinischen »salus« (dt.: Gedeihen, Wohlsein) ab, was uns zeigt, dass man dem anderen bei der Begrüßung in Form des Salutieres ein »Wohlsein« wünscht.

Aus dem Salutieren entwickelte sich die saloppe Grußformel »Salü«, die besonders in der Schweiz weit verbreitet ist. Ebenso der berühmte Salutschuss, eine zumeist militärische Ehrenbegrüßung für Staatsmänner oder andere hoch stehende Persönlichkeiten. Salut-Schüsse werden auch bei wichtigen Vertragsabschlüssen, Geburten und Gedenkfeiern getätigt.

Tipp: *Wenn Sie in Italien jemandem einen lässigen Salut-Gruß zuwerfen, so achten Sie darauf, diese Geste nur mit zwei Fingern zu machen. Mit der flachen Hand, das rechte Auge verdeckend ausgeführt, bedeutet sie nämlich: »Du bist verrückt!«*

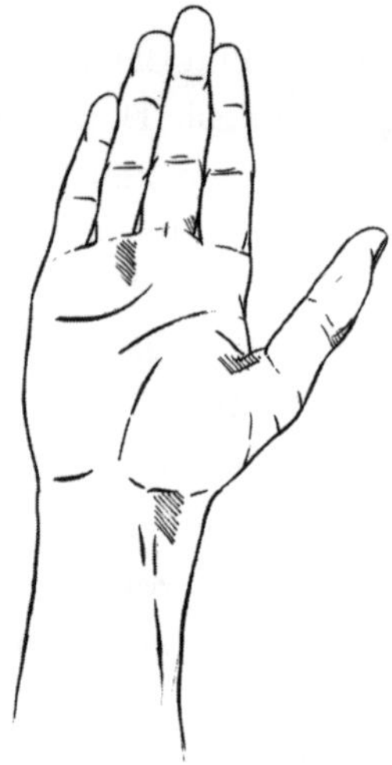

Bei Himmel und Erde

Nicht nur im religiösen Bereich, auch im profanen Alltag ist das Schwören mit erhobener Hand seit der Antike eine oft zu beobachtende Geste. Bei Walther von der Vogelweide lesen wir gar von beiden Händen in dieser Stellung: »ich swer mit beiden handen daz si sich nicht erkanden.« Die nach vorne gekehrte Handinnenfläche soll nicht nur die Waffenlosigkeit ausdrücken, sondern auch jedem den symbolischen Einblick in die innersten Winkel des eigenen Herzens gewähren. Wichtig scheint, dass die Hand ziemlich genau in Schulterhöhe angehoben wird – wahrscheinlich, um die Nähe zum Herzen und somit zur Wahrhaftigkeit zu demonstrieren. Geschworen wird ausnahmslos mit der rechten Hand, die als die machtvolle angesehen wird. Josephus schreibt: »Keiner wird euch betrügen, wenn er die rechte Hand gegeben hat, und es wird auch keiner ihre Treue bezweifeln.« Im Chinesischen verhält es sich umgekehrt. Hier verkörpert die rechte Hand als »Yang« die Stärke im Gegensatz zur Linken, die als »Yin« für die Ehre steht.

Auch ist es im christlichen Raum üblich, auf die Bibel zu schwören, wobei der Protagonist ebenfalls die Hand kurz in Schulterhöhe hebt, bevor seine Finger das heilige Buch berühren. Leichtfertiges Schwören zieht laut kirchlichem und bürgerlichem Gesetz allerhand Unbill nach sich – vom Meineid und der daraus resultierenden Geld- oder Gefängnisstrafe bis zum falschen religiösen Schwur, dem eine himmlische Bestrafung folgen soll. Man meinte und meint, dass der Teufel selbst die Hand des Lügners hält und dessen Seele fürderhin dem Beelzebub verschrieben sei. Von Leuten, die viel und meist falsch geschworen haben, sagt man: »Der schwört ja dem Teufel ein Ohr ab.«

Unterstützt wird der Schwur von verbalen Aussagen, so etwa schwört man »bei Himmel und Erde« oder »bei allen Heiligen«. Hier sollen mächtige Zeugen für die Lauterkeit des Schwörenden stehen. So wie man bei allem, was gut und heilig ist, schwören kann, ist auch die Anrufung der bösen Mächte durchaus gebräuchlich. Im Französischen mit »jurer par tous les diables« oder im Deutschen mit einem Schwur »bei Gott und Teufel«.

Tipp: *Schwören Sie nur, wenn es nicht mehr anders geht – erstens bekommen allzu häufige Schwüre inflationären Wert, und zweitens kann man nie wissen, hinter welcher Ecke der Teufel lauert!*

Tschüss, Servus und leb wohl!

Das Winken zu Kindern geschieht oft auf kurze Distanz. Zumeist zeigt dabei die Handfläche nach vorne, die vier Finger werden gleichzeitig auf und ab bewegt, eventuell mit leisem Anklatschen der Finger auf die Handballen. Die Hand wird dabei in Höhe der Augen gehalten, was zum Ausdruck bringen soll: »Ich sehe dich an – nimm auch du mich wahr!«

In einer anderen Variante werden die Finger nacheinander nach unten gelegt, in der Art der Harfenspielerin. Es scheint für manche eine leicht affektierte Form, ist aber durchaus auf der ganzen Welt üblich. Während Frauen überwiegend aus dem Handgelenk winken, so nehmen Männer meist den ganzen Arm zur Hilfe. Man nimmt an, dass dies auf die gewohnt dominante Haltung des Mannes zurückzuführen ist.

Das Winken zum Abschied mit der dem Gestikulierenden selbst zugewandten Handinnenfläche – in Italien beispielsweise Usus – kann zu Missverständnissen führen: Es ähnelt zu sehr dem bei uns üblichen »Komm her!«, das durch den gekrümmten Zeigefinger unterstützt wird.

Noch drastischer sind die Unterschiede im Fernen Osten. Hier bedeutet das Winken mit nach unten zeigender Handfläche und sich schnell auf und ab bewegenden Finger eindeutig eine Aufforderung, sich zu nähern. Die Geste sieht aber dem bei uns verwendeten Abschiedswinken derart ähnlich, dass es nicht selten vorkommt, dass japanische Touristen auf den Fremdenführer zukommen, wenn er ihnen bei der Verabschiedung freundlich zuwinken will.

Das Winken der Könige und Imperatoren fällt wesentlich langsamer aus. Hier bildet der Unterarm mit der Hand eine gerade Linie, und die Ellbeuge wird sanft bewegt. Gebildet hat sich diese Geste dadurch, dass die Bewegungen der Hand alleine auf weitere Distanzen zu wenig erkennbar wären.

Wird das Abschiedswinken mit einem Taschentuch ausgeführt (meist den Damen vorbehalten), so erhält die Geste einen zusätzlich melodramatischen Touch. Das Tuch symbolisiert jenes, mit dem sich der Abschied nehmende die Tränen trocknen möchte.

Eine international verständliche Geste ist das Winken mit einer weißen Fahne, das um Waffenstillstand und Frieden bittet und das Versprechen gibt, keinen Angriff mehr zu starten.

Tipp: *Winken Sie niemals mit einem Zaunpfahl, Sie könnten sich einen Schiefer einziehen!*

Shakehands

Das Händeschütteln ist eine in der westlichen Welt übliche Geste der Begrüßung und Verabschiedung. Ihren ursprünglichen Sinn haben wir längst vergessen. Zurück blieb eine sinnentleerte, aber für den sozialen Umgang formell sehr wichtige Gebärde. Geboren ist dieser Brauch aus der früheren Sitte, mündliche Verträge per Handschlag zu besiegeln. Das galt für Kauf-, aber auch – wie man es dem Kudrun-Epos entnehmen kann – für Friedensverträge: »Sie stracten den vride mit ir handen.«

So ist das Ineinanderlegen der Handflächen zweier Menschen einerseits zum Symbol der Waffenlosigkeit und somit zum Ausdruck der Friedfertigkeit geworden, andererseits auch zu dem der gegenseitigen Wertschätzung. Umschließt jemand die Hand des Begrüßten mit beiden Händen, so ist dies als »kleine Umarmung« zu verstehen. Noch intimer wirkt das Händeschütteln, wenn der Begrüßende sein Gegenüber mit der linken Hand am Oberarm berührt. Hierzulande ist diese

Geste aber mit Vorsicht zu verwenden, denn allzu leicht fühlt sich der so Begrüßte in seiner Intimsphäre gestört. Je südlicher man reist, desto häufiger begegnet man dieser »gebremsten Umarmung«.

Ist jemand für längere Zeit fort gewesen, fällt das Händeschütteln ob der Freude heftiger und länger als gewöhnlich aus. War dies bereits im sechzehnten Jahrhundert üblich – wie aus Johann Fischarts »Gargantua« (1575) ersichtlich: »... ein solch handgebens, hendeschlagens, hendtruckens« –, so hat sich daran bis heute nichts geändert.

Händeschütteln wird auch als Versöhnungsgeste eingesetzt. Sportsgeist wird gezeigt, wenn Sieger und Verlierer einander nach einem Spiel die Hände reichen. Verwendet wird es auch als sicht- und fühlbares Zeichen, dass zwei Personen einer Meinung sind (frz.: »donne moi la main«).

Tipp: *Mit Recht beleidigt ist derjenige, dessen friedfertig zum Gruß gereichte Hand vom anderen nicht angenommen wird. Dies bedeutet neben einer argen Kränkung eine Form der »Kriegserklärung«.*

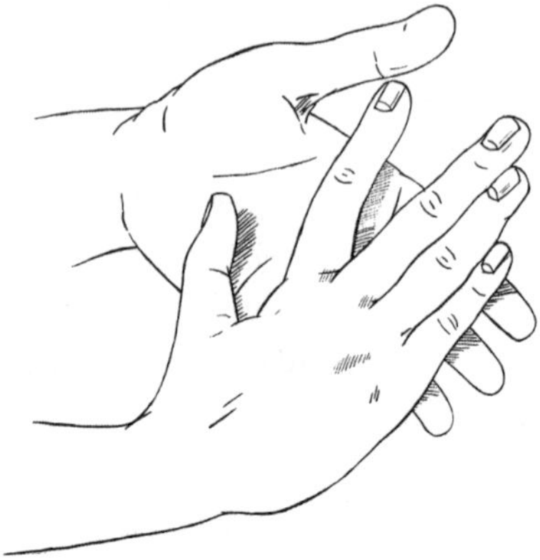

Keine Widerrede!

Bereits im Mittelalter galt das Heben und Zusammenschlagen der Hände als Zeichen für den Abschluss eines Vertrages. Das Reiben der Handflächen kombiniert mit dem akustischen Signal des Klatschens soll auch heute noch das Ende einer Angelegenheit symbolisieren. Ob nun jemand eine ärgerliche Unterhaltung durch diese Geste abbrechen will oder sich aus einer unangenehmen Situation heraushalten möchte, das - geräuschvolle Händereiben geschieht ganz automatisch. Um etwas von sich aus und abschließen zu können, muss man freiwillig genügend Macht besitzen. Das Auseinanderziehen der Hände zeigt deutlich das Freisein von jeglicher Fessel. Dem die Hände Reibenden sind die Hände nicht (mehr) gebunden, er hat die Wahl, sich für eine Fortsetzung oder einen Abbruch der jeweiligen Situation zu entscheiden. Zusätzlich wird ein Abwischen und Wegfegen der Argumente des anderen versinnbildlicht. Auf Grund ihres biblischen Ursprungs bedeutet diese Geste in vielen Ländern, etwa in Frankreich oder Italien, dasselbe. Oft folgt dem enervierten Reiben das aggressive Vorstrecken der ausgestreckten Hand, um anzudeuten: »Bis hierher und nicht weiter.«

Diese Geste des Negierens kann sich auch auf die biblische Redewendung »Seine Hände in Unschuld waschen« beziehen. Die Wurzel finden wir in einem alten Ritual des mosaischen Gesetzes. Es befiehlt, dass, sollte jemand einen Erschlagenen vorfinden, die Ältesten der nächsten Stadt aufgesucht werden mögen. Diese müssen nun über einer jungen Kuh, deren Kopf abgeschlagen wurde, ihre Hände waschen. Dabei wird gebetet: »Unsere Hände haben dies Blut nicht vergossen, so haben's auch unsere Augen nicht gesehen; sei gnädig deinem Volke Israel, das du, Herr, erlöst hast, lege nicht das unschuldige Blut auf dein Volk ...« Auch Pilatus wäscht seine Hände vor der Verurteilung Christi, um klarzumachen, dass er mit diesem Beschluss nicht einverstanden ist. Wieder finden wir hier das »Wegwischen« und das symbolische Abwaschen jeder Schuld.

Tipp: *Menschen, die Diskussionen durch das Zusammenklatschen und Reiben der Hände für beendet halten, zeigen allzu deutlich ihre Dickköpfigkeit und ihre Unfähigkeit zu diplomatischem Verhalten.*

Spirituelle Gesten

Meinen Segen sollst du haben!

In der kabbalistischen Tradition steht die linke Hand Gottes für Gerechtigkeit und die rechte für Barmherzigkeit. Daher wird der Segen, fester Bestandteil aller liturgischen Handlungen, immer mit der rechten Hand ausgeführt. Jesus Christus segnete durch Handauflegen und, wie man an zahlreichen Gemälden erkennen kann, immer wieder durch die erhobene rechte Hand, wobei Zeige- und Mittelfinger aneinander liegen, der Daumen abgespreizt ist und der Ring- sowie der kleine Finger eingeschlagen sind. Die Handfläche ist nach außen gekehrt, um Friedfertigkeit zu demonstrieren. Der abgespreizte Daumen soll zusätzlich noch mehr von der bloßen Handfläche freilegen.

Segnet normalerweise der Priester, so kann aber auch jeder Gläubige den Segen erteilen. Es handelt sich in erster Linie um eine Lobpreisung Gottes und zweitens immer auch um eine Bitte, das Objet der Segnung unter den Schutz des Herrn zu stellen.

Halten viele das Segnen von Gegenständen, etwa Häusern oder Automobilen, für einen Missbrauch dieser heiligen Geste, so wird ein solcher Brauch durchaus verständlich, wenn man sich vergegenwärtigt, dass beispielsweise die Ernte des Bauern und somit die Existenzgrundlage seiner gesamten Familie von einer landwirtschaftlichen Maschine abhängen kann.

Gleich dem lateinischen hat auch der griechische Segen eine lange Tradition. Hier werden Zeige-, Mittel- und kleiner Finger ausgestreckt, Daumen und Ringfinger zusammengelegt. Die Varianten des Segnens sind vielfältig. So ist das lateinische Segnen auch möglich mit eingeschlagenem Daumen; diese Geste ähnelt der des Schwörens. Interessant ist die Segnung mit ausgestreckten Zeige- und kleinem Finger, denn sie ist völlig identisch mit jener Geste, die in südlichen Ländern die grobe Beleidigung darstellt, jemand wäre von seiner Ehefrau betrogen worden (siehe dazu »Betrogen?«, Seite 94).

Erbeten wird der elterliche Segen von Heiratswilligen. Die Ehe soll unter einem guten Stern stehen, keinerlei böse Wünsche sollen den Zusammenschluss der Liebenden stören. Heutzutage ist dieser Segen zur Ehe aber nur mehr als Redewendung erwünscht.

Zusammen mit der Redewendung »Meinen Segen hast du!« ist diese Geste aber auch in einer ironischen Weise üblich. Der so Gestikulierende meint damit: »Du kannst es ja versuchen, aber du wirst schon sehen, was du davon hast.«

Tipp: *Nur wer an die Übertragung numinoser (göttlicher) Kräfte glaubt, sollte die Geste des Segnens ausführen, sie bleibt sonst leer und sinnlos.*

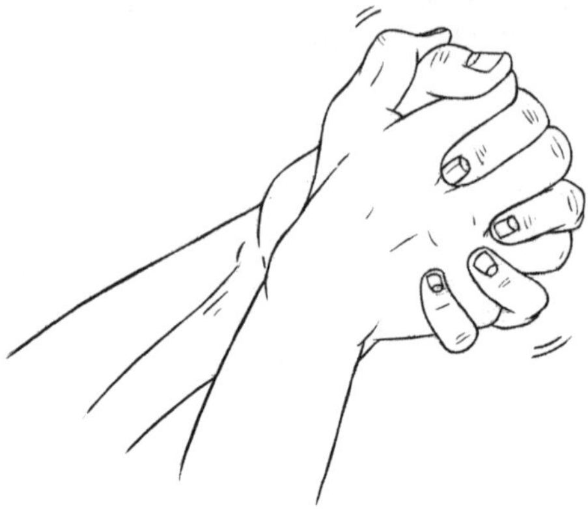

Ich flehe dich an!

Äußerste Pein treibt denjenigen an, der sich händeringend an jemanden wendet. Diese uralte Geste ist in unserer modernen Zeit kaum mehr zu sehen, obwohl sie, besonders unter Frauen, noch immer ausgeführt wird, wenn außer Klagen und Flehen nichts anderes die Situation ändern kann. Doch selten geht sie durch die Printmedien oder ist in aktuellen Filmen zu sehen. Sie ist intim geworden – parallel zu der Zeiterscheinung, in der der gesamte Prozess des Trauerns, ausgenommen bei Begräbnisritualen, nicht mehr von der Öffentlichkeit gesehen werden soll.

Als alte Trauergebärde finden wir das Händeringen jedoch noch auf Gemälden und Radierungen. Die ineinander gelegten Hände mit verschränkten Fingern werden zur Brust genommen und wieder weggeschleudert und heftig aneinander gepresst, bis die Knöchel weiß hervortreten. Nicht selten dauert dieses Aufsehen erregende Flehen mehr als nur ein paar Sekunden. Bei Neumark im »Poetisch und musikalischen

Lustwäldchen«, verfasst um 1652, wird die Frau in ihrer Totenklage trefflich beschrieben: »... sie klaget jämmerlich und mit schwachem händewinden.« Die rasche Bewegung demonstriert die zeitliche Dringlichkeit, das Nicht-warten-Können, die Ungeduld und den starken Druck, unter dem der oder die Betreffende stehen.

Dieselbe Geste zum Himmel erhoben erfleht die Lösung der Schwierigkeiten oder das ungeschehen Machen des Unglücks von Gott. Sie ist in beinahe allen Religionen zu entdecken, was die Vermutung nahe legt, dass das Ineinander-Verkrampfen der Hände eine sehr instinktive Geste ist, die nicht gelehrt werden musste, sondern aus der Tiefe der menschlichen Seele und deren Qualen rührt. Vielleicht spielt dabei auch die Simulation, an den Handgelenken gefesselt und dadurch ohnmächtig zu sein, eine nicht unwesentliche Rolle.

Die Italiener haben aus dieser Geste eine recht profane Gebärde abgeleitet, eine Art »ungeduldiges Bitten«, ob es sich nun um das Herausrücken der Speisekarte oder das Einlösen eines wichtigen Versprechens handelt. Sie falten die Hände – die Handteller berühren sich dabei nicht – und richten sie zu Boden. Mit gespreizten Fingern und aufeinander gepressten Fingerkuppen schütteln sie ihre Hände nun mehrmals auf und ab. Dieses drohende Flehen ist nur unter Männern Usus und wird niemals als religiöse Bitte missbraucht.

Tipp: *Wenn jemand händeringend vor Ihnen steht, dann ist dieser Mensch in den meisten Fällen tief bewegt und weiß keinen Ausweg mehr. Lassen Sie Milde walten ...*

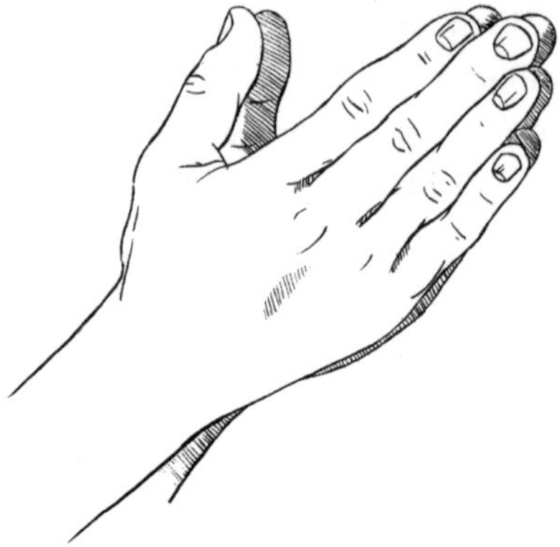

Ich bin dein!

Immer wenn eine Geste mit beiden Händen ausgeführt wird, zeugt dies von einer Verstärkung, im guten wie im schlechten Sinn. Im aktuellen Fall liegt die Betonung auf dem Positiven und Erhöhten. Die zum Gebet aufeinander gelegten Hände stellen eine Geste dar, die starken symbolischen Charakter hat und nicht zuletzt Albrecht Dürer zu einer seiner berühmtesten Zeichnungen anregte.

Die wenigsten wissen heute, dass die aneinander gelegten Hände ein Symbol für die Knechtschaft waren. Vorbild waren die zusammengebundenen Hände der Sklaven. So verbalisiert man diese Geste im christlichen Bereich auch heute noch in dem Satz: »Ich begebe mich freiwillig unter die Herrschaft Gottes.«

Im Mittelalter setzte man diese Geste als Zeichen der Unterwerfung während der Schließung des Lehensvertrages ein. Man faltete die Hände, der Lehensherr nahm diese »Sklavenhand« in seine beiden Hände und umschloss sie mit sanftem Druck. Daraus entwickelte sich allmählich das Sprichwort, sein »Schicksal in jemandes Hand zu legen«, das nach wie vor gebräuchlich ist.

Die gefalteten Hände bot auch der Ritter zur Zeit des Minnesangs seiner Herzallerliebsten dar, um seine Ergebenheit kundzutun. Und wenig später sehen wir auf diversen Vermählungsbildern die Frau, die nun ihre Hände gefaltet dem Mann entgegenstreckt – wiederum Zeichen der Unterwerfung und Anerkennung der Macht des anderen sowie des Annehmens des ehelichen Schutzes.

Dieselbe Geste wird von Millionen Menschen im asiatischen Raum zum Zeichen des Grußes verwendet, in Thailand als »Wai« und in Indien als »Namaste« bekannt. So wie die Menschen im Westen einander die Hände schütteln, ist auch hier die Erwiderung des Grußes in der gleichen Form unabdingbar, wenn man sozial anerkannt bleiben will. Besonders im asiatischen Raum, aber auch teilweise im Westen werden die gefalteten Hände überdies als Entschuldigungs-Geste eingesetzt.

Schlagersänger haben die Angewohnheit, bei besonders innigen Songs das Mikrofon in ihren wie zum Gebet gefalteten Händen zu halten. Ein Zeichen für das intensive, musikalische »Anbeten« der oder des Geliebten.

Tipp: *Wenn sich Asiaten bei der Begrüßung vor Ihnen mit gefalteten Händen verbeugen, so ahmen Sie diese Geste akribisch nach. Geringe Abweichungen können bereits missgedeutet werden.*

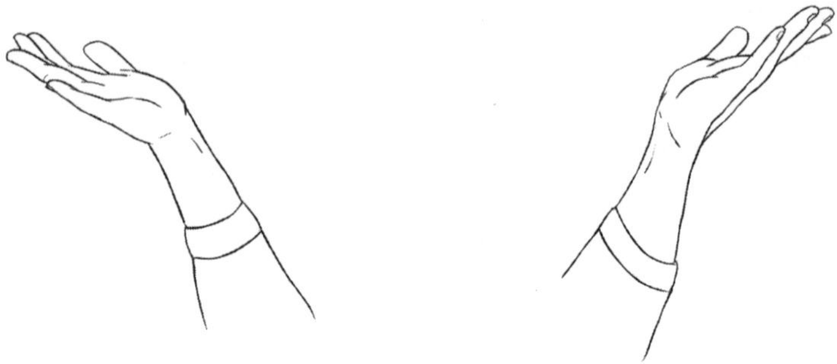

Geben und Nehmen

Als Gebetsstellung der Priester ist das Aufblicken zum Herrn mit nach oben gestreckten Armen und nach oben gekehrten Handflächen eine sehr alte Gebärde. Sie soll Respekt und Waffenlosigkeit beziehungsweise Friedfertigkeit des Ausführenden demonstrieren. Der Hinweis auf leere Handflächen ist immer auch ein Zeichen der Verletzbarkeit und der Tatsache, dass man nichts zu verbergen gedenkt. Eine Geste, die in verschiedenster Weise interpretiert werden kann. Zumeist wird ihre Bedeutung erst durch Kopfhaltung und Mimik unmissverständlich.

Sie kann sagen: »Gib mir!«, oder auch das Gegenteil, nämlich: »Ich gebe dir!« Letzteres kann man etwa bei Filmstars beobachten, die ihre Hände ausstrecken, als würden sie ihre Liebe zu den Fans in einer symbolischen Umarmung andeuten. Besonders im letzten Jahr seines turbulenten Lebens bevorzugte der »King« Elvis Presley diese theatralische Geste, um seinen Zuhörern zu versprechen: »I'll bring back your dreams.«

Im religiösen Bereich begleitet die Geste ein andächtig gesenkter Blick. Im profanen Bereich aber wird Blickkontakt zu anderen Menschen gesucht, beispielsweise im Fall des Anflehens um die Zustimmung eines anderen.

In Saudi-Arabien und im Nahen Osten ist diese Geste – allerdings mit enger am Körper liegenden Armen – üblich, wenn eine Person eine Behauptung mit einem Schwur untermauern will. Die freien Handflächen sollen wieder demonstrieren: »Ich zeige dir alles, was du sehen willst.«

Die nach oben gestreckten Hände des Bettlers, der an einer Straßenecke sitzt, ergeben sich aus rein praktischen Gründen. Erstens will der Bettler zeigen, dass seine ausgestreckte Hand leer ist und er entweder Geld oder Nahrung darin sehen will, und zweitens erhebt er die Hände, weil er sitzt und die Vorbeigehenden sich zwangsläufig in einer höheren Position befinden als der Bittende. Bereits kleine Kinder benutzen diese Geste intuitiv, wenn sie etwas haben wollen.

Tipp: *Besonders verschlagene Menschen setzen diese Geste bewusst ein, um andere in falscher Sicherheit zu wiegen. Überprüfen Sie die angebliche Offenherzigkeit des Gestikulierenden!*

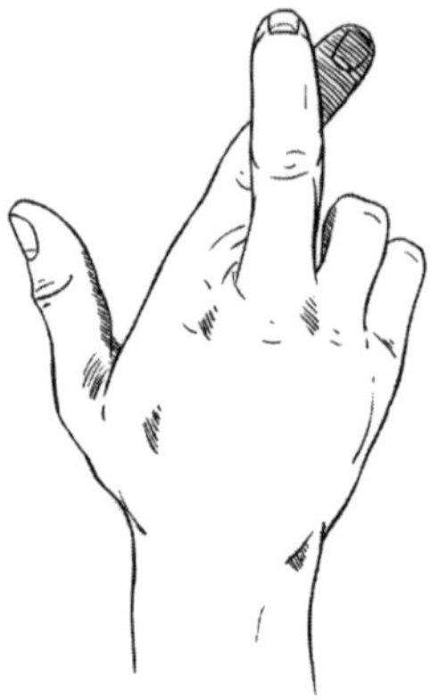

Du schaffst es!

Das Kreuz als Symbol ist älter als das Quadrat. Es steht für die Synthese von Extremen, für die Verbindung von Zeit und Raum. Auch der mit abgewinkelten Gliedmaßen ausgestreckte Mensch bildet in seiner Form das Kreuz nach. Durch die Möglichkeit der Ausdehnung nach jeder Richtung stand das Kreuz schon sehr früh als Zeichen für ewiges Leben und Fruchtbarkeit.

Auch die Christen haben es in ihre Bildsprache aufgenommen. Der Kreuzestod Christi hatte im antiken Denken einen anstößigen Beigeschmack. Es dauerte verhältnismäßig lange, bis die widersprüchliche Vorstellung eines gekreuzigten Gottes dem positiven Verständnis als freiwilliger Sühnetod Platz machen konnte.

Das Fingerkreuzen der Christen hat eine so weite Verbreitung gefunden, dass es mittlerweile auch von Nichtchristen verwendet wird, zumal die Wurzeln in der schwachen Nachahmung des Kreuzes kaum mehr beachtet werden. Wurde ursprünglich um den Schutz Gottes gebeten, so wünscht sich der heute in dieser Art Gestikulierende den guten Ausgang einer schwierigen Angelegenheit. »Du schaffst es schon«, sagt man und wünscht dem Sportler oder Prüfungskandidaten mit gekreuzten Fingern alles Gute. So ist es auch bei den Briten üblich, die während des Kreuzens die Redewendung »I'm keeping my fingers crossed« benutzen. Es handelt sich hier um nichts anderes als die christliche Variante des profanen »Daumenhaltens« für jemanden.

Bereits kleine Kinder wissen, dass ein Schwur aufgehoben wird, wenn man hinter dem Rücken Zeige- und Mittelfinger überkreuzt hält. Doch es ist ihnen wohl kaum klar, dass sie eigentlich den Schutz Gottes erbeten, obwohl sie gerade bei selbigem falsch schwören. Es gibt wohl wenige Gesten, die in ihrer wahren Bedeutung bis heute so verdeckt geblieben sind.

Im östlichen Mittelmeerraum stellen die beiden Finger zwei Freunde dar. Kommt es zu Spannungen, ist es möglich, dass einer die Hand hebt und mit gekreuzten Fingern droht, die Beziehung aufzuheben. Wird aus der Drohung eine Tatsache, so schnippt der Betreffende Zeige- und Mittelfinger auseinander, um die Trennung sichtbar zu machen.

Da das Kreuz bereits seit Urzeiten großen Symbolwert für Stärke und Glauben besitzt, verwenden es die Menschen heute noch im Scherz als Verbannungszeichen, wenn sie von jemandem eine »teuflische« Aussage zu hören bekommen.

Tipp: *Vorsicht, wenn Sie einem Türken durch das Fingerkreuzen alles Gute wünschen wollen – er könnte meinen, sie würden ihn verabscheuen und nie wieder sehen wollen.*

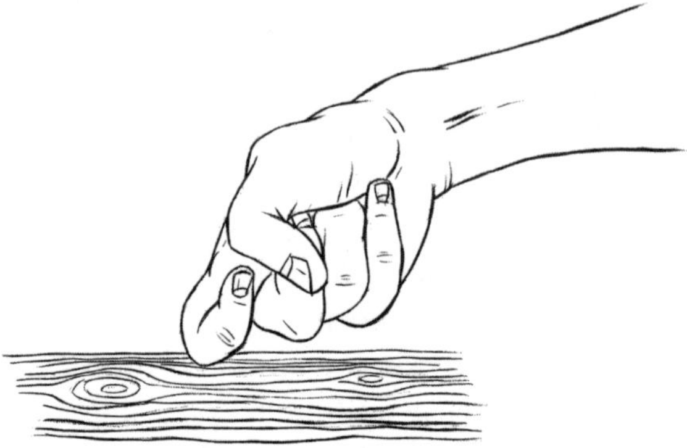

Eichenschutz

Wenn man im Auto sitzt oder im Großraumbüro, ist das »Schnell auf Holz geklopft« oft schwer in die Tat umzusetzen, denn Tische sind nun aus Kunststoff, desgleichen Fenster, Türen und Computer. Und was unter dem Teppich liegt, ist meist aus Beton und nicht aus Eichenholz. Das Glück »verschreien« zu können ist ein tief sitzender Aberglaube, der kaum aus den Köpfen der Menschen herauszubekommen ist. Diesem Aberglauben liegt wohl die Sehnsucht zu Grunde, das Schicksal, in welcher Weise auch immer, doch selbst bestimmen zu können, wenn man nur das Richtige tun würde. Die Macht in den Händen eines Gottes oder gar noch in den Händen des Zufalls und der Wahrscheinlichkeitsrechnung zu wähnen, erscheint vielen heutzutage als eine äußerst unangenehme Vorstellung. So werden die Menschen weiterhin einen Knopf halten, sobald sie einen Rauchfangkehrer sehen, vor schwarzen Katzen flüchten und auf Holz klopfen, sobald sie von einem wahrscheinlich positiven Ausgang einer Angelegenheit erzählen. Warum aber gerade Eichenholz? Es ist ein heidnischer Brauch, beim Beschwören des Glücks, das noch gar nicht eingetreten ist, mit den Knöcheln der rechten Hand auf das Holz einer Eiche zu klopfen. Früher, als die Menschen an Götter, die in den Bäumen wohnen, glaubten, galt die Eiche als die Herberge des mächtigsten Gottes. Ihre langen Wurzeln, so dachte man, würden bis in die Unterwelt hinabreichen. Dort wohnten die bösen Geister, und die fürchtete man, insbesondere wenn man der Prahlerei frönte. Um das Ausschwärmen der bösen Geister und deren gefürchtete Bestrafung zu verhindern, klopfte man dreimal auf die Eiche und meinte, die Geister dadurch milde stimmen zu können.

Trotz Christianisierung hat sich dieses heidnische Ritual erhalten und wurde im christlichen Sinn umgedeutet. Das berührte Holz steht nun als Symbol für das hölzerne Kreuz, an dem Jesus Christus den Sühnetod starb. In vielen Gegenden klopft man von unten an die Tischplatte – alleine aus dem Grund, weil mit zunehmender Modernisierung die Platten an der Oberseite entweder aus Kunststoff oder stark lackiert sind. Und es galt stets: Je naturnäher, desto besser für die Geister. So wie Churchill soll sich auch Marlene Dietrich sehr gerne in der Nähe von Holz aufgehalten haben, um stets gegen die Rache der Geister gewappnet zu sein.

Tipp: *Ist partout kein Holz in der Nähe, wenn Sie den Schutz der Baumgeister benötigen, dann klopfen Sie gegen Ihre Stirn – manchmal hilft's!*

Nachwort

Als die Autoren sich in das Abenteuer stürzten, aus über sechshundert Gesten die wichtigsten auszuwählen und zu analysieren, schlugen sie die Hände über dem Kopf zusammen. Hand auf's Herz, wie hätten Sie entschieden? Kurzerhand die Hände in den Schoß gelegt und kapituliert? Oder in die Hände gespuckt und schließlich die Sache mit festem Griff in die Hand genommen? Der einen oder anderen Geste musste man wohl den Handschlag verweigern, aber die Autoren hatten alle Hände voll zu tun, um letztlich nicht mit leeren Händen dazustehen. Unter der Hand mitgeteilt, hat auch bei von langer Hand vorbereiteten Büchern, so auch hier, der Zufall hin und wieder seine Hand im Spiel gehabt. Zufälle sind handlungsbestimmend. Sollten Sie also zufällig dieses Buch in der Buchhandlung ihres Vertrauens erspähen, zögern Sie nicht, selbiges in die Hand zu nehmen.

Bildnachweis

S. 11: Johann Jakob Engels: *Gemütszustände,* 1785–86
S. 15: Michelangelo: *Erschaffung Adams,* 1508–1512, (Ausschnitt)
S. 57: Otto Dix: *Die sieben Todsünden: Geiz, Zorn, Neid, Hochmut, Trägheit (des Herzens), Völlerei, Wollust,* 1933, © VBK, Wien 1999
S. 101: Edvard Munch: *Der Schrei,* 1893, © VBK, Wien 1999
S. 131: Michelangelo: *Sündenfall und Vertreibung aus dem Paradies,* 1508–1512, (Ausschnitt)
S. 169: René Magritte, fotografiert von Duane Michals, 1965, © VBK, Wien 1999
S. 211: René Magritte: *Die entwaffnende Morgendämmerung,* 1928, © VBK, Wien 1999

Quellenvermerk

Argyle, Michael: Körpersprache und Kommunikation, Paderborn 1996

Aristoteles: Hauptwerke, Stuttgart 1977

Aristoteles: Nikomachische Ethik, Stuttgart 1969

Armstrong, David F. / Stokoe, William C. / Wilcox, Sherman E.: Gesture and the nature of language, Cambridge 1995

Augustinus: Bekenntnisse, Stuttgart 1989

Axtell, Roger A.: Gestures – the DO's and TABOOs of Body Language Around the World, New York 1998

Axtell, Roger A.: Reden mit Händen und Füßen. Körpersprache in aller Welt, München 1994

Braun, Josef: Mit Seele und Leib. Gesten, Zeichen und Symbole im Gottesdienst verstehen, Freiburg 1997

Flusser, Vilém: Gesten – Versuch einer Phänomenologie, Frankfurt am Main 1997

Freud, Sigmund: Psychologie des Unbewussten, Frankfurt am Main 1975

Freud, Sigmund: Psychologische Schriften, Frankfurt am Main 1970

Freud, Sigmund: Sexualleben, Frankfurt am Main 1972

Gebauer, Gunter / Wulf, Christoph: Spiel, Ritual, Geste. Mimetisches Handeln in der sozialen Welt, Hamburg 1998

Helferich, Christoph: Geschichte der Philosophie. Von den Anfängen bis zur Gegenwart, München 1998

Izard, Carroll: Die Emotionen des Menschen. Eine Einführung in die Grundlagen der Emotionspsychologie, Weinheim 1994

Kintop: Jahrbuch zur Erforschung des frühen Films. Stummes Spiel, sprechende Gesten, Frankfurt am Main 1998

Liessmann, Konrad Paul: Die großen Philosophen und ihre Probleme, Wien 1998
Liessmann, Konrad Paul: Kierkegaard zur Einführung, Hamburg 1993
Liessmann, Konrad Paul: Vom Nutzen und Nachteil des Denkens für das Leben, Wien 1997
Loccumer Protokolle: Haltung – Gestik – Körpersprache. Der menschliche Körper in der Kommunikation, Rehburg-Loccum 1997
Lurker, Manfred: Lexikon der Götter und Dämonen, Stuttgart 1989
Marx, Helma: Das Buch der Mythen, Weyarn 1998
McNeill, David: Hand and mind. What gestures reveal about thought, Chicago 1992
Molcho, Sammy: Körpersprache, München 1983
Morris, Desmond: Bodytalk. Körpersprache, Gesten und Gebärden, München 1995
Morris, Desmond: Das Tier Mensch, Köln 1994
Müller, Cornelia: Redebegleitende Gesten. Kulturgeschichte – Theorie – Sprachvergleich, Berlin 1998
Pieper, Annemarie: Aristoteles, München 1995
Platon: Hauptwerke, Stuttgart 1973
Rattner, Josef: Menschenkenntnis und Charakterkunde, Augsburg 1998
Richter, Gerd: Lexikon der Mythologie, Weyarn 1998
Tschechow, Michael: Werkgeheimnisse der Schauspielkunst, Zürich/Stuttgart 1979
Wehr, Marco / Weinmann, Martin: Die Hand. Werkzeug des Geistes, Heidelberg/Berlin 1999
Zimbardo, Philip G. / Gerig, Richard J.: Psychologie, Berlin/Heidelberg 1999